D1573877

Kastanien

FONA

Erica Bänziger
Fredy Buri

Kastanien

Fünfte Auflage 2010

© 2003 FONA Verlag AG, CH-5600 Lenzburg; www.fona.ch
Einführung: Edith Beckmann, Frauenfeld
Verantwortlich für das Lektorat: Léonie Schmid
Gestaltung Umschlag: Dora Eichenberger-Hirter, Birrwil
Gestaltung Inhalt: Andrea Heimgartner, Zürich
Foodbilder: Andreas Thumm, Freiburg i. Br.
Stimmungsbilder: Erica Bänziger, Verscio (Seiten 6, 8/9, 10/11, 12/13, 14/15,
18/19, 20/21, 24/25, 26/27, 30/31, 32/33, 34/35, 52/53, 80/81,
102/103), Rosmarie Gwerder, Bondo (Seiten 16, 17, 19, 23, 26, 28, 32, 33),
Werner Geibel, Verscio (Seiten 14, 15, 16/17, 20, 21, 22/23, 28/29),
Robert Schmid, Obererlinsbach (Seite 18), Giosanna Crivelli, Montagnola
(Seiten 26, 27, 29, 52, 103), Beat Ernst, Basel (Seite 34)
Lithos: Neue Schwitter AG, Allschwil
Druck und Bindung: Offizin Andersen Nexö, Leipzig

ISBN 978-3-03780-366-0

Vorwort 10

Leckere Nuss aus dem Kaukasus 14
Der Siegeszug der Kastanie 15
Der Brotbaum der Armen 16
Alles Marroni? 18
Edelkastanien auf dem Prüfstand 20
Sorten für Liebhaber und Selbstversorger 21
Erntetradition im Tessin 22
Die Konservierung der Kastanien 24
Die Kunst der Haltbarmachung 26
Kastanie und Gesundheit 28
Der Nährwert der Kastanie 29
Kastanien in der Küche 30
So finden Kastanienprodukte Verwendung 32
Kochen mit Kastanien 33

Salate 34
Suppen 39
Vorspeisen 44
Hauptgerichte 52
Desserts 80
Süßes Gebäck 102
Pikantes Gebäck 114

Stichwortverzeichnis 119
Veranstaltungen 120
Bezugsquellen 122
Wichtige Adressen und Literatur 124
Produktinfo 125

Vorwort

Bäume haben mich bereits während meiner Kindheit ganz besonders fasziniert. Das hat sich denn auch bis auf den heutigen Tag nicht geändert. Neben den knorrigen Olivenbäumen sind es vor allem die mächtigen Edelkastanienbäume, die eine magische Anziehungskraft auf mich ausüben. Während meiner Lehr- und Wanderjahre im Tessin begegnete ich ihnen auf Schritt und Tritt. Ihre schmackhaften Früchte haben mich inspiriert, in meiner Küche immer wieder neue Köstlichkeiten auszuprobieren. Vielleicht gerade deshalb, weil ich weder Vermicelles noch glasierte Kastanien mit Rotkraut besonders gerne mochte. Die gelungenen Kreationen haben mich angespornt, immer wieder neue Kastanienrezepte auszutüfteln. Fündig geworden bin ich aber auch in alten Büchern und als Gast bei Tessiner Familien, die ihre traditionellen Gerichte in Ehren halten. Wo nötig, habe ich die überlieferten Rezepte heutigen Erkenntnissen einer gesunden Ernährung angepasst.

Die fast vergessene Kastanienkultur erlebt zurzeit eine geradezu erstaunliche Renaissance. Doch sie kann nur Bestand haben, wenn wir den großen Nähr- und Gesundheitswert der Kastanie bewusst anerkennen und die Früchte regelmäßig in den Speiseplan integrieren. Abgesehen vom kulinarischen Erlebnis unterstützen wir mit dem Konsum der Kastanien auch viele Kleinbauern in abgelegenen Tälern, bevor sie ihre karge Scholle verlassen und in die Städte abwandern.

Die großen Anstrengungen für eine Wiederbelebung der Kastanienkultur haben seit dem Erscheinen des ersten Kastanienkochbuches im Jahre 1996 deutlich zugenommen. Die Selven werden an vielen Orten wieder instand gestellt und vor allem auch fachgerecht gepflegt. Denn nur so ist es möglich, eine gute Ernte zu erzielen und die Bäume gesund zu erhalten. Sehr eindrücklich kann man diese Bemühungen auf einer Wanderung durch die Kastanienwälder entlang des neu errichteten Weges im Malcantone im Tessin erleben.

Gleichzeitig findet man auch auf dem Markt immer mehr verbrauchsfertige Kastanienprodukte, die alle dazu beitragen, die wertvollen Früchte des Waldes zu genießen. Edelkastanien sind wahre Geschenke der Mutter Natur!

Denn was gibt es Schöneres, als an einem trüben Wintertag die vor Kälte klammen Finger an heißen Marroni zu wärmen und den Magen zu laben? Und zwar mit gutem Gewissen: Gebratene Marroni sind wohl das gesündeste und natürlichste «Fast Food» der Welt.

Die köstlichen Kastanien bereichern aber auch unsere Alltagsküche. Sie finden in zahlreichen Speisen Verwendung und eignen sich hervorragend für die Zubereitung vegetarischer Gerichte. Besonders für die immer größer werdende Gruppe von Allergikern und Menschen mit Zöliakie ist das aus getrockneten Kastanien hergestellte Mehl eine willkommene Alternative als Ersatz für Weizenmehl, etwa für die Zubereitung von Crêpes und Biskuitteigen.

Gründe genug also, erneut ein Kastanienkochbuch zu veröffentlichen und mit zahlreichen neuen Rezepten zum Ausprobieren zu animieren. Zusammen mit meinem Mitautor Fredy Buri, einem ebenfalls eingeschworenen Marronifan, möchte ich aber auch einen kleinen Beitrag zur Erhaltung der eindrücklichen Kastanienkultur in den Anbaugebieten im südlichen Europa und in der Schweiz leisten.

Erica Bänziger

Alles, was mir während meiner Lehre und als Koch in sehr guten Hotels der Schweiz über Edelkastanien begegnete, waren Vermicelles bei den Süßspeisen und glasierte Kastanien zu Rotkohl und Wild.

Erst als ich mich entschloss, in der Ardèche in Frankreich, inmitten der prächtigen Kastanienwälder, eine Ferienpension zu eröffnen, stellte sich die Frage: Wohin nur mit all den Bergen reifer Kastanien und Marroni, die jeden Herbst auf unserem Gelände von den Bäumen kullern?

Die Lösung: Probieren geht über Studieren! So pröbelte ich tagelang in unserer Küche an Marronirezepten in allen möglichen Varianten. Freunde und Gäste «mussten» jeweils probieren. Gleichzeitig war mir aber auch klar, dass bei solchen Mengen Kastanien von teilweise uralten Bäumen auch entsprechend traditionelle Rezepte vorhanden sein mussten. Also redete ich mit alten Frauen, besorgte Literatur und kombinierte Altes mit Neuem.

Der Zufall wollte es, dass Erica Bänziger bei uns einige Tage Urlaub verbrachte. Meine Marroniphase und die vielen Selven in der Umgebung haben sie wohl veranlasst, das erste Kastanienkochbuch zu schreiben, zu dem ich auch ein paar Rezepte beigesteuert hatte.

Auf offene Ohren und Türen stieß ich auch beim «Conseil général de l'Ardèche», welcher die Kastanienproduktion steigern wollte. Heute besteht ein sehr weit fortgeschrittenes Projekt, fast ein Drittel des Département Ardèche in einen «Regionalpark der Edelkastanien» umzuwandeln.

Das Interesse an den Früchten und ihrer Zubereitung ist auch in Frankreich groß. Ich bin überzeugt, dass die ausgesprochen leckeren Rezepte in diesem Buch und der prächtige Anblick uralter Kastanienbäume auch den letzten Skeptiker umstimmen und hoffentlich schon bald zu einem Marronigourmet machen werden. Denn außer Vermicelles und Rotkraut mit Kastanien gibt es noch weit mehr und anderes, ausgesprochen Schmackhaftes zu entdecken.

Fredy Buri

Einführung

Leckere Nuss aus dem Kaukasus

Die veredelten Kastanienbäume mit weit ausladender Krone stammen vermutlich aus den Ländern des Kaukasus, dem gebirgigen Gebiet zwischen Schwarzem und Kaspischem Meer. Die alten Armenier hatten sie kultiviert und die köstlichen Früchte mit «Kasutah» bezeichnet, dem persischen Wort für «trockene Frucht».

Die Römer latinisierten die armenische Bezeichnung zu «Castanea», die der britische Botaniker Miller 1759 um das Wort «sativa» erweiterte. Dies bedeutet so viel wie «sättigen» und dokumentiert die kulinarische Wertschätzung. Seither trägt die essbare Europäische Kastanie die botanische Bezeichnung «Castanea sativa» und distanziert sich damit deutlich von der Rosskastanie (Aesculus hippocastanum).

Begeistert waren die Römer aber auch vom Holz des Kastanienbaums. Es ist elastisch und dank des hohen Tanningehalts ausgesprochen witterungsbeständig. Daraus zimmerten die Römer Küchenutensilien, Tragkörbe und Fässer für ihren Wein. Die jungen Austriebe dienten als begehrte Pfähle für ihre Reben. Mit ihrem starken Wuchs, sogar in höheren Lagen bis auf etwa 1000 Meter über Meer, war die Kastanie zur Kultivierung geradezu prädestiniert.

Der Siegeszug der Kastanie

Mit der Ausdehnung des Römischen Reichs verbreitete sich auch die Kastanienkultur. Auf der Alpensüdseite führte sie zu einer konsequenten Umnutzung der Landschaft. Die herkömmliche Brandrodung zur Schaffung von Acker- und Weideland wich zugunsten einer aktiven Bewirtschaftung des Bodens mit Kastanienwäldern.

Auch nördlich der Alpen schlugen die mächtigen Kastanienbäume Wurzeln. Karl der Große (742 bis 814) proklamierte ihren Anbau per kaiserliche Landgüterverordnung («Capitulare de villis», um 812 n. Chr.). Damit hielt die essbare Edelkastanie, zusammen mit andern Bäumen des Südens wie Feigen und Mandeln, Einzug in deutsche Lande. Sogar der Grundriss des Klosters St. Gallen, datiert aus dem Jahre 820, sieht einen «Castenarius» vor, einen Kastanienhain.

Der deutsche Begriff «Marone» hat sich um 1600 eingebürgert, entlehnt aus dem französischen «marron» und dem italienischen «marrone». Möglicherweise fußen diese Namen in der Odyssee: Der griechische Dichter Homer nannte die Kastanie «Maraon».

In der Südschweiz etablierte sich die Kastanienkultur vor rund tausend Jahren. Die Zunahme der mittleren Temperatur begünstigte den Anbau bis in die oberen alpinen Täler. Auf den kargen Schollen wuchs kaum genug Getreide fürs tägliche Brot.

Der Brotbaum der Armen

In Tat und Wahrheit lieferten Kastanienbäume auf den mageren Seitenhängen der Alpen zwei- bis dreimal mehr Kalorien pro kultivierte Einheit als der Getreideanbau. «Ein Baum pro Kopf» galt im Tessin als Faustregel, um die hungrigen Mäuler zu stopfen. Vorerst einmal, bis Mais und Kartoffeln aus der Neuen Welt in der Südschweiz vor kaum 200 Jahren Einzug gehalten haben und erneut während der beiden Weltkriege, als Grundnahrungsmittel knapp und Geld rar waren.

Wenn Hungersnöte drohten, mutierte «Castanea sativa» zum lebenserhaltenden Baum, mindestens für die arme Bergbevölkerung im Tessin. Für sie waren die Kastanien während vier bis sechs Monaten im Jahr das tägliche Brot. Die veredelten Kastanienbäume nannten sie schlicht, aber bedeutungsvoll «arbur», das Wort für «Baum». Der Begriff hat in verschiedenen Tessiner Dialekten bis heute Gültigkeit. Der Kastanienhain heißt entsprechend «Selva» für «Wald».

Zuviel Aufhebens für eine Frucht, die gleichzeitig auch Nuss und Samen ist? Wer ausschließlich heiße Marroni kennt und schätzt, wird sich wundern: Im Tessin gedeiht noch heute eine unglaubliche Vielfalt essbarer Kastanien. Die Außenstelle Alpensüdseite der Forschungsanstalt für Wald, Schnee und Landschaft Birmensdorf (WSL) hat in mühsamer Kleinarbeit mehr als 100 (!) verschiedene Sortennamen registriert.

Von Dorf zu Dorf variiert das Angebot meist zwischen vier und fünf, teilweise sogar bis zu vierzehn Sorten. Es handelt sich um ausgewählte Kombinationen von früh- bis spätreifenden Kastanien mit verschiedenen Eigenschaften für unterschiedliche Verwendungszwecke.

Alles Marroni?

Essbare Kastanien sind längst nicht nur Marroni. Die Unterschiede sind allerdings eher kommerzieller als botanischer Art und werden von Land zu Land anders definiert. Die «marrons» der Franzosen weisen höchstens zwölf Prozent Innenhaut-Einschlüsse auf. In Italien und in der Südschweiz gelten andere Kriterien: Marroni sind große Früchte mit höchstens 80 bis 85 Stück pro Kilo; sie sitzen in ihrer stacheligen Hülle höchstens zu dritt und sind ellipsenförmig. Ihre Außenhaut ist hell, durchzogen mit dunkleren Rippen. Die Innenhaut ist nicht eingewachsen und lässt sich leicht entfernen. Das Fruchtfleisch ist fest und schmeckt angenehm süß. Mit diesen Qualitätskriterien erzielen Marroni deutlich höhere Preise und dominieren den Kastanienmarkt.

Jedenfalls vorläufig, denn mit dem zunehmenden Bedürfnis nach Naturprodukten und gesunder Nahrung steigt auch die Nachfrage nach Kastanien, hauptsächlich aus biologischem Anbau. So gesehen haben alte, einheimische Sorten durchaus ihre Chance.

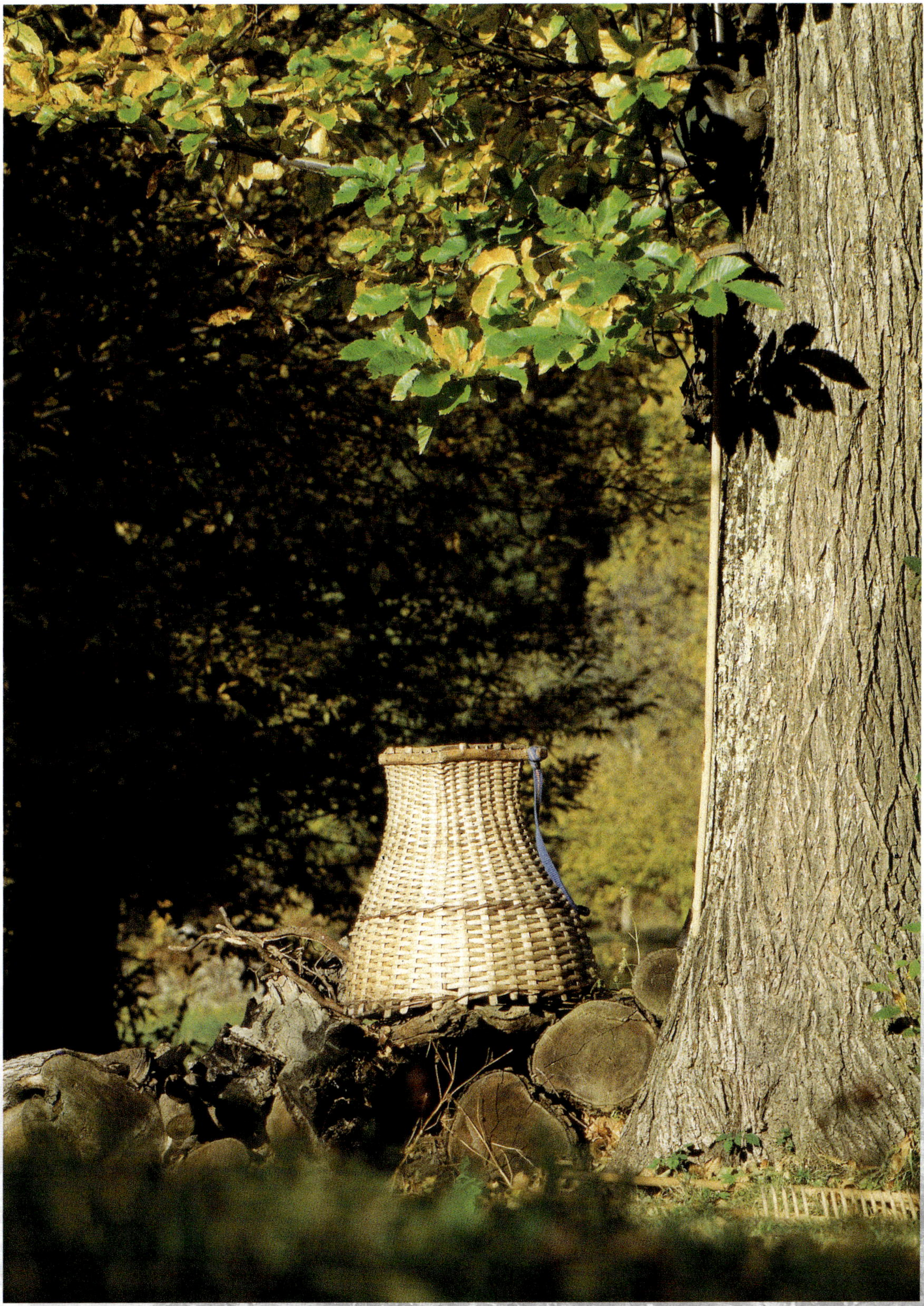

Edelkastanien auf dem Prüfstand

Kastanienbäume mit ihren feinen Früchten verdienen ihre Verbreitung – sogar nördlich der Alpen. Dass das keine Utopie zu sein braucht, zeigt eine Sortenprüfung der Eidgenössischen Forschungsanstalt für Obst-, Wein- und Gartenbau in Wädenswil (FAW) in Zusammenarbeit mit der WSL.

In den Achtzigerjahren pflanzten Wissenschaftler Sämlinge von ausgewählten Kastanienbäumen auf einer Randparzelle der Forschungsanstalt in Wädenswil am Zürichsee und überließen sie mehr oder weniger ihrem Schicksal (extensive Sortenprüfung).

Klimatische Einflüsse und die Bodeneigenschaften haben den Bestand nach und nach reduziert. Bei einem jährlich durchgeführten Marronibraten verglichen die Zuständigen jeweils die Früchte der verschiedenen Bäume.

Anfang 1999 veröffentlichten Peter Rusterholz und Alfred Husistein von der FAW die Ergebnisse: Vier Sorten haben sich einerseits als überlebensfähig in Wädenswil erwiesen und andererseits auch bei den Degustationen gut abgeschnitten. Drei sind Sämlinge aus dem Tessin, die nun die Namen «Marowa», «Brunella» und «Golino» tragen. Sie sind eher kleinfruchtige, typische Tessiner Kastanien. Dies im Gegensatz zur vierten, großfruchtigen Sorte «Bouche de Betizac», einer Selektion des französischen Forschungsinstituts INRA in Bordeaux, Frankreich.

Sorten für Liebhaber und Selbstversorger

Die Wissenschaftler der Forschungsanstalt empfehlen die vier Neuheiten zwar nicht für den Erwerbsanbau, weil eine konkurrenzfähige und rentable Edelkastanienproduktion nördlich der Alpen nicht möglich sei. Für den Eigenbedarf würden sich die geprüften Sorten hingegen sehr wohl eignen. Voraussetzungen sind ein warmer Standort wie für den Rebbau sowie saurer Boden mit einem pH-Wert von 5 bis 6,5. Weil Edelkastanien als selbstunfruchtbar gelten, ist für eine ertragreiche Ernte mindestens ein zweiter Baum für die Pollenübertragung nötig. Die Sorte «Brunella» könnte dank ihrem schönen Wuchs auch als Zierbaum Karriere machen.

Wo es dem Kastanienbaum gefällt, kann er die stattliche Höhe von 25 bis 30 Meter erreichen. Allerdings gibt es auch deutlich schwächerwüchsige Sorten. Einige tragen bereits nach ein paar Jahren die ersten stachelig ummantelten Früchte, andere erfordern 10 bis 15 Jahre Geduld. Die an der FAW geprüften Bäume brachten im 10. Standjahr eine respektable Ernte von 30 bis 40 Kilogramm.

Gemäß schriftlicher Überlieferung erreichen kräftige und gesunde Bäume den höchsten Ertrag im Alter von rund 100 Jahren und erst weitere hundert Jahre später lässt die Früchteproduktion nach! Ein Kastanienbaum kann so alt werden wie Methusalem, 500 Jahre sind keine Seltenheit. Auf der Alp Brusino am Monte S. Giorgio (Tessin) steht ein Baum, der tausend Jahre alt sein soll.

Erntetradition im Tessin

Zwischen Mitte September und November – je nach Sorte und Region – fallen die Kastanien samt ihren Hüllen, Ricci genannt, vom Baum. In früheren Zeiten im Tessin bedeutete das schulfrei, was möglicherweise nur kurzfristig verlockend war. Denn während Wochen mussten mit gebücktem Rücken, und mit Handschuhen gegen die Stacheln bewaffnet, Kastanien vom Boden aufgelesen werden.

Der Namenstag des Heiligen Kornelius (16. September) galt als Stichdatum: Von diesem Tag an war jegliche Beweidung der Kastanienhaine verboten. Betreten durften die Selven dann nur die Eigentümer oder die zugelassenen Sammler. Die Ernte dauerte bis Allerheiligen (1. November) oder bis Heiliger Martin (11. November), in höheren Lagen bis Heilige Katharina (25. November). Danach wurde die Ernte freigegeben. Und jeder konnte die Kastanien einsammeln.

Wenn die wie Seeigel anmutenden Hüllen reif sind und vom Baum fallen, dann sind sie meistens geöffnet und die glänzend braunen Kastanien leicht zu entnehmen. Sie sollten keinesfalls vom Baum geschlagen werden, weil sie in den letzten Tagen vor dem natürlichen Fall einen wichtigen Reifungsprozess durchmachen.

In den Tessiner Gebieten mit ausgedehnter Kastanienkultur hat man die Hüllen hingegen zur Konservierung genutzt. Das

Herabschlagen war Sache des Familienoberhauptes, während die übrigen Sippenmitglieder die noch intakten «Igel» zusammenlesen und von den losen Früchten trennen mussten. Die geschlossenen Hüllen wurden zu einem Gärhaufen aufgeschichtet, dann mit Stroh, Farnkraut, Ginster, Reisig und sogar mit Steinen bedeckt. Solchermaßen von äußeren Einflüssen isoliert und somit unter Sauerstoffmangel, setzt ein Gärprozess ein, der die Haltbarkeit der Kastanien bis zum nächsten Frühjahr ermöglicht.

Die Konservierung der Kastanien

Ausgereift vom Baum gefallen gehen Kastanien schnell einmal den Weg alles Irdischen. Sie müssen mindestens jeden zweiten Tag aufgelesen und haltbar gemacht werden, andernfalls droht Wurm- und ebenfalls Schimmelbefall. Traditionell legt man die Kastanien während 5 bis 9 Tagen in kaltes Wasser und bewahrt sie nach Abtrocknen schichtweise in trockenem Sand oder Sägemehl auf.

Damit Kastanien in früheren Zeiten bis zur folgenden Ernte haltbar waren, hat man sie in der Wärme eines Feuers getrocknet, entweder in Hurden über dem heimischen Herd in der Küche, in einem Cheminée oder in Dörrhäusern als eigenständige Bauten. Dörrhäuser standen teilweise mitten im Dorf, aus praktischen Gründen aber meistens direkt in den Selven. In den Kastanienhainen war Holz vor Ort jederzeit vorrätig. Zudem konnte man sich auch den Transport der frischen und somit schweren Früchte sparen. Ein weiteres Argument, das damals überlebenswichtig war: Die Brandgefahr im Dorf ließ sich vermeiden.

Gefeuert wurde selbstverständlich mit Kastanienholz, die Höhe der Flammen mit Kastanienlaub reguliert. Unter gelegentlichem Wenden trockneten die ausgebreiteten Früchte in der Wärme und im Rauch, der ihnen ein typisches Aroma nach Geräuchertem verlieh. Notabene ein Verfahren, das noch heute Anwendung findet. Das

Feuer war Tag und Nacht zu unterhalten, bis der Dörrvorgang nach rund 3 Wochen – je nach Dörranlage – vollendet, die Feuchtigkeit verdunstet und allfällige Pilzsporen, Mikroben und Wurmeier abgetötet waren. Die Kastanien schrumpfen während des Trocknungsprozesses auf etwa einen Drittel ihres ursprünglichen Volumens.

Nach dem Dörren schälte man die Kastanien meistens durch Schlagen. Dann wurden sie gesiebt und aus den kleinen sowie den zerbrochenen Früchten Kastanienmehl hergestellt. Zeugnis aus dieser Zeit ist eine der ältesten Turbinenmühlen auf der Alpensüdseite in Altirolo. Ihre Besitzer haben sie vor wenigen Jahren originalgetreu saniert und instand gestellt.

Die Kunst der Haltbarmachung

Heutige Konservierungsmethoden sind zwar um einiges rationeller, aber sie halten im Prinzip an der alten Tradition fest. Das Centro di Cadenazzo, die Tessiner Unterstation der Forschungsanstalt Changins, empfiehlt verschiedene Methoden, je nach Verwendungszweck der Früchte. Nach der Ernte werden sie auf jeden Fall zuerst einmal einer Warmwasserbehandlung (Thermisierung) unterzogen: Die Kastanien legt man während 45 Minuten in ein 50 °C heißes Wasserbad und kühlt sie anschließend in kaltem Wasser ab. Diese Prozedur dient in erster Linie der Entwurmung.

Für die Herstellung von geschälten Kastanien und auch Kastanienmehl folgt nach dem Wasserbad die Trocknung. Für Marrons glacés werden die Kastanien geschält und tiefgefroren, bei Bedarf gekocht und mit Zucker glaciert.

Für gebratene Marroni legt man die Früchte nach der Thermisierung über Nacht in kaltes Wasser und lässt sie danach trocknen. Das reduziert die Anfälligkeit auf Pilzbefall, genauso wie die anschließende Trocknung an einem warmen Ort oder mit einem Kaltluftgebläse. So vorbehandelte Kastanien können bei Temperaturen unter 10 °C während drei bis vier Monaten gelagert werden.

Kastanie und Gesundheit

Die Kastanien sind ein reines Naturprodukt, die in lichten Hainen (extensiver Anbau) ohne jegliche chemisch-synthetische Hilfsmittel kultiviert werden. Kastanien, naturbelassene Getreidekörner (das volle Korn) und Kartoffeln sind Stärkeprodukte (Kohlenhydrate) und vom Nährwert her sehr ähnlich; sie können untereinander ausgetauscht oder kombiniert werden.

Die Kastanie ist zusammen mit der Kartoffel und dem Mais eines der wenigen basenbildenden Stärkeprodukte (im Gegensatz zum Getreide, das immer säurebildend ist). Mit Kastanienprodukten leisten wir also einen Beitrag im Kampf gegen die Übersäuerung des Organismus. Die Frucht ist reich an Kalium, was zu einer natürlichen, sanften Entwässerung des Organismus führt. Da die Kastanie kein Klebereiweiß (Gluten) enthält, eignet sie sich auch bei Glutenunverträglichkeit (Zöliakie).

Der Nährwert der Kastanie

100 g frische, geschälte Kastanien enthalten

Kcal/kJ	192/813
Eiweiß	2,48 g
Fett	1,9 g
Kohlenhydrate	41,2 g
Fasern	8,37 g
Wasser	44,87 g
Natrium	2 mg
Kalium	707 mg
Kalzium	33 mg
Magnesium	5 mg
Phosphor	87 mg
Eisen	1,32 mg
Vitamin A	12 mg
Vitamin B_1	0,23 mg
Vitamin B_2	0,22 mg
Niacin	0,5 mg
Vitamin C	6,0 mg

Kastanien in der Küche

Die ab Herbst bis Ende Februar im Handel erhältlichen Marroni sind für den sofortigen Verbrauch bestimmt; im Gemüsefach des Kühlschrankes sind sie in einem Papiersack (!) während einiger Tage lagerfähig. Dann trocknen sie ein, verlieren von ihrem köstlichen Aroma oder werden schlimmstenfalls von Schimmel befallen. Frische Kastanien können jedoch problemlos tiefgekühlt werden.

Erntefrische Kastanien tiefkühlen

Die Kastanien etwa eine Stunde in kaltes Wasser legen. Dann gut die Hälfte der Schale auf der runden Seite mit einem scharfen Messer nur so tief einritzen, dass die Frucht nicht verletzt wird. Anschließend in kochendem Wasser portionenweise während rund 4 Minuten (ab Siedepunkt des Wassers gemessen) blanchieren.

Zum Braten Die blanchierten Früchte (mit Schale) im kalten Wasserbad auskühlen lassen, dann in Tiefkühlbeutel füllen, mit Datum und Gewicht auszeichnen und einfrieren. Lagerzeit: etwa 12 Monate.

Zum Kochen Die Früchte nach dem Blanchieren noch möglichst heiß schälen, die Häutchen mit einem Messer entfernen. Ausgekühlte, vorbereitete Kastanien in einen Tiefkühlbeutel füllen und einfrieren. Lagerzeit: etwa 12 Monate.

Püree Man kocht die geschälten Früchte im Dampf, bis sie zerfallen, und püriert sie mit einem Stabmixer oder dreht sie durch das Passevite. Nach Belieben süßen und in Tiefkühldosen oder -beuteln einfrieren. Lagerzeit: rund 12 Monate.

Erntefrische Kastanien für den sofortigen Verbrauch

Rohverzehr Frische Kastanien kann man auch roh essen. Ihr volles Aroma entfalten sie jedoch erst durch das Rösten oder Kochen; dann lassen sie sich auch besser schälen.

Blanchieren und schälen Die Kastanien etwa eine Stunde in kaltes Wasser legen. Dann blanchiert man die frischen, eingeritzten Früchte portionenweise während 4 Minuten in kochendem Wasser. Anschließend die noch heißen Früchte schälen, Häutchen mit einem Messer entfernen. Geschälte Kastanien gemäß Rezept weiterverarbeiten.

Heißi Marroni

Marroni-Ofen Die Marroni etwa eine Stunde in kaltes Wasser legen. Am besten lassen sich frische, eingeritzte Früchte in einem speziellen Marroni-Ofen (Seite 125) gemäß Gebrauchsanweisung zubereiten.

Backofen Ofen auf 220 °C vorheizen. Zuvor eingeweichte, eingeritzte Marroni einlagig auf ein Blech legen, unter gelegentlichem Wenden mit dem Holzspachtel braten, bis die Schalen aufspringen. Bratzeit: rund 20 Minuten.

So finden Kastanienprodukte Verwendung

Ungesüßtes Püree aus dem Glas
Suppen, süßes und salziges Gebäck, Eiscreme, Parfaits, Desserts, Brotaufstrich

Süßes Kastanienpüree
Eiscreme, Parfaits, Desserts, Vermicelles

Kastanien nature aus dem Glas
Suppen, Salate, Terrinen, pikante Aufläufe, für die Verarbeitung zu Püree, zum Backen

Kastanienmehl
Für die Zubereitung von Kleingebäck, Brot, Focacce, Pizzas, Crêpes, Spätzli, Nudeln, usw.; entweder pur verwenden oder mit einem anderen Mehl (Weizen- oder Dinkelmehl) mischen. Wichtig: Kastanienmehl aus luftgetrockneten (!) Früchten hat einen wenig aufdringlichen, angenehmen, leicht süßlichen Geschmack. Kastanienmehl aus im Feuer getrockneten Früchten hat ein typisches Aroma von Geräuchertem und ist von intensivem Geschmack; Back- und Bratgut bekommen einen leicht bis stark bitteren Geschmack.

Kastanienflocken
Müesli, schnelle Suppen, Desserts, als Snack zum Knabbern

Kastanienlikör
Zum Aromatisieren von Desserts und süßem Gebäck

In allen Rezepten können frische, tiefgekühlte, gekochte oder eingelegte Kastanien aus dem Glas (Biohandel) verwendet werden, genauso wie die entsprechende Menge getrockneter, bereits vorgekochter Früchte.

Kochen mit Kastanien

Frische Kastanien

1 kg frische Kastanien (mit Schale) entsprechen 850 g blanchierten, geschälten Kastanien.

Gekochte Kastanien

Blanchierte, geschälte Kastanien (Seite 30) im Dampf im Siebeinsatz 10 bis 12 Minuten garen.

Dörrkastanien

100 g getrocknete Kastanien entsprechen 200 g gekochten Kastanien. Getrocknete Kastanien sollten über Nacht in reichlich kaltem Wasser eingeweicht werden. Das Einweichwasser weggießen. Braune Häutchen vor dem Kochen entfernen.

- Kastanien im Dampfdruckkochtopf in wenig Wasser während rund 30 Minuten garen.
- In einer Pfanne mit wenig Wasser während 45 bis 50 Minuten kochen, je nach Verwendungszweck und gewünschter Konsistenz.
- Schnelle Variante: 200 g getrocknete Kastanien mit ½ l Wasser in einen Dampfdruckkochtopf geben und bei schwacher Hitze etwa 30 Minuten garen. Häutchen entfernen, braune Stellen wegschneiden und die Kastanien weiterverarbeiten.
- Wichtig: Die weitere Garzeit ist unbedingt zu berücksichtigen, also die Kastanien nicht zu weich garen.

Tiefgekühlte Kastanien

Ohne vorheriges Auftauen während 4 bis 15 Minuten garen.

Kastanien im Glas

Essbereit; auch für die schnelle Küche

Püree, gesüßt und ungesüßt

Essbereit

Juni

Salate – Sup

Bunter Endiviensalat 36
Fruchtiger Herbstsalat 38

Provenzalische Kastaniensuppe mit Maiskörnern 39
Kastanien-Lauch-Suppe 40
Kastanien-Kürbis-Suppe 41
Kastanien-Zwiebel-Suppe mit Rotwein 42

Kastanien-Ziegenfrischkäse-Aufstrich 44
Omeletts aus Buchweizen mit Kastanien und Gemüse gefüllt 45
Kastanien-Hühnerleber-Pâté für Crostini 46
Kastanien-Buchweizen-Blinis mit Lauch 48
Castagnaccio – Maronenfladen mit Rosmarin 49
Kastanien-Linsen-Pastete 50
Pikante Kastanienrouladen 51

pen – Vorspeisen

Bunter Endiviensalat

für 4–6 Personen als Hauptspeise
für 8 Personen als Vorpseise

1 kleiner bis mittelgroßer Cicorino rosso/ Radicchio di Verona
1 Brüsseler Endivie/ weißer Chicorée
¼ krause Endivie/Escariol
glattblättrige Petersilie
2 EL Olivenöl extra vergine zum Braten
100–150 g Shiitake, Steinpilze oder Champignons
100 g gekochte Kastanien aus dem Glas
12 Baumnuss-/Walnusskerne, grob gehackt
1 Thymianzweigchen, Blättchen abgezupft
100 g Roquefort, zerbröckelt, oder anderer Käse
100 g Bratspeckscheiben

Sauce
4–6 EL Olivenöl extra vergine
2 EL Balsamico-Essig
½ Zitrone, Saft
Kräutermeersalz oder Meersalz nach Belieben
frisch gemahlener Pfeffer

1
Cicorino rosso, Brüsseler Endivie und krause Endivie in mundgerechte Stücke schneiden. Petersilie von den Stielen zupfen.

2
Die Pilze trocken abreiben, je nach Größe ganz lassen, halbieren, vierteln oder in Streifen schneiden. Im Olivenöl einige Minuten braten, mit Salz und Pfeffer abschmecken.

3
Kastanien mit den Baumnusskernen im Olivenöl kurz knusprig braten, mit Thymianblättchen, Salz und Pfeffer würzen.

4
Die Speckscheiben in der heißen Pilzpfanne ohne Fett kurz braten.

5
Die Sauce zubereiten, mit wenig Kräutersalz und Pfeffer würzen.

6
Blattsalate, Petersilie, Pilze, Kastanien-Baumnuss-Gemisch und Roquefort vermengen, auf Tellern anrichten. Sauce darüber träufeln. Mit den Speckscheiben garnieren.

Variante
Den Speck durch Bündnerfleisch ersetzen. Die Scheiben aber nicht braten, sondern lediglich einrollen.

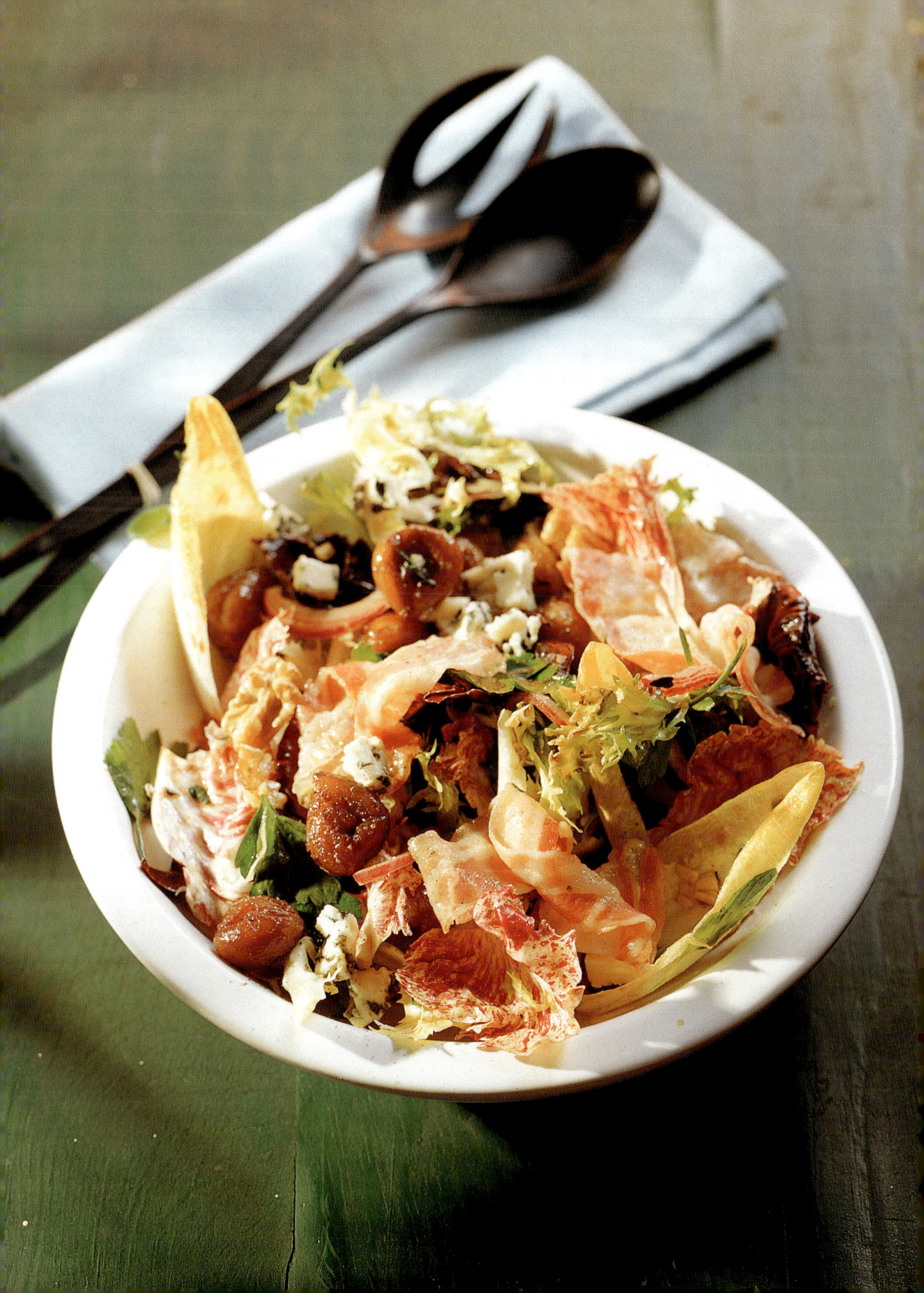

Fruchtiger Herbstsalat

200 g geschälte Kastanien,
Seite 30 ff.
1 EL Olivenöl extra vergine
2 mittelgroße rote Äpfel
200 g blaue Traubenbeeren
2 Brüsseler Endivien/
weißer Chicorée

Marinade
3–4 EL weißer Balsamico
frisch gemahlener Pfeffer
Kräutermeersalz
2 EL kalt gepresstes
Haselnussöl
3 EL Olivenöl extra vergine

½ Bund Rucola

1
Die geschälten Kastanien im Siebeinsatz im Dampf
10 bis 12 Minuten weich garen. Abkühlen lassen. In einer
Bratpfanne im Olivenöl kurz braten.
2
Äpfel vierteln, entkernen, Apfelviertel in feine Scheiben
schneiden. Die Traubenbeeren halbieren.
3
Die Marinade zubereiten. Äpfel und Traubenbeeren mit
der Marinade vermengen. 10 Minuten marinieren.
4
Die Brüsseler Endivien längs halbieren, den harten Teil
keilförmig herausschneiden, halbieren oder dritteln.
5
Sämtliche Zutaten miteinander vermengen.

Provenzalische Kastaniensuppe mit Maiskörnern

2 EL Olivenöl extra vergine
1 kleine Zwiebel
2 Knoblauchzehen
300 g geschälte Kastanien, Seite 30 ff.
1 l Gemüsebrühe
Kräutermeersalz
frisch gemahlener Pfeffer
geriebene Muskatnuss
1 TL getrocknete Provencekräuter
1 dl/100 ml Rahm/Sahne
1 Zuckermaiskolben oder 100 g Maiskörner aus dem Glas oder aus dem Tiefkühler
½ TL fein geriebener Ingwer

Olivenöl extra vergine zum Beträufeln

1
Zwiebel und Knoblauchzehen schälen und fein hacken. Maiskolben von Hüllblättern und Barthaaren befreien. Den Kolben quer halbieren und mit der Schnittfläche auf die Arbeitsfläche stellen, die Körner mit einem scharfen Messer vom Kolben schneiden. Körner im Dampf einige Minuten garen.

2
Die Zwiebeln und den Knoblauch im Olivenöl andünsten. Kastanien dazugeben, mit der Gemüsebrühe aufgießen, aufkochen. Die Suppe mit Kräutersalz, Pfeffer und Muskatnuss würzen, bei schwacher Hitze köcheln lassen, bis die Kastanien weich sind. Etwa die Hälfte der Kastanien mit einem Schaumlöffel herausnehmen und beiseitelegen. Die Suppe pürieren.

3
Die Suppe mit dem Rahm aufkochen. Die Kastanien und die Maiskörner in der Suppe erhitzen. Mit dem Ingwer abschmecken. Eventuell mit Salz und Pfeffer nachwürzen.

4
Suppe in vorgewärmten Tellern anrichten. Einige Tropfen Olivenöl darüberträufeln.

Kastanien-Lauch-Suppe

1 EL Olivenöl extra vergine
1 kleine Zwiebel
2 kleine Lauchstangen
40 g Reismehl
1 TL mittelscharfe
Currymischung
1 Prise Ingwerpulver
1 Prise geriebene
Muskatnuss
200 g geschälte Kastanien,
Seite 30 ff.
1 l Gemüsebrühe
1 dl/100 ml Rahm/Sahne
Kräutermeersalz
frisch gemahlener Pfeffer

Blütenblätter von Ringelblumen
nach Belieben

1
Die Zwiebel schälen und fein hacken. Den Lauch putzen und in feine Streifen schneiden, etwa ein Drittel für die Garnitur beiseitelegen.

2
Die Zwiebeln und den Lauch im Olivenöl andünsten, das Reismehl und die Gewürze kurz mitdünsten. Kastanien zugeben. Die Gemüsebrühe aufgießen, aufkochen, die Suppe bei schwacher Hitze köcheln lassen, bis die Kastanien weich sind. Die Suppe pürieren.

3
Die Suppe mit dem Rahm aufkochen, kurz köcheln lassen. Abschmecken mit Kräutersalz und Pfeffer.

4
Die Suppe in vorgewärmten Tellern anrichten. Den Lauch darüberstreuen. Mit Blütenblättern von Ringelblumen garnieren.

Kastanien-Kürbis-Suppe

2 EL Olivenöl extra vergine
1 kleine Zwiebel
600 g mehlig kochender Kürbis
250 g geschälte Kastanien
oder 120 g getrocknete
Kastanien, Seite 30 ff.
6–8 dl/600–800 ml Gemüse-
brühe
Meersalz
frisch gemahlener Pfeffer
frisch geriebene Muskatnuss
1 Becher (2 dl/200 ml)
Rahm/Sahne
1 EL Zitronensaft
½ Bund frischer Majoran,
fein gehackt

1
Die Zwiebel schälen und fein hacken. Den Kürbis schälen, entkernen und klein würfeln.

2
Die Zwiebeln und den Kürbis im Olivenöl andünsten, die Kastanien zugeben. Mit der Gemüsebrühe aufgießen, aufkochen. Die Suppe mit Salz, Pfeffer und Muskatnuss würzen, bei schwacher Hitze köcheln lassen, bis der Kürbis und die Kastanien weich sind. Pürieren.

3
Die Hälfte des Rahms für die Garnitur steif schlagen.

4
Die Suppe mit dem Rahm aufkochen, kurz köcheln lassen. Mit dem Zitronensaft abschmecken. Eventuell mit Salz und Pfeffer abschmecken.

5
Die Suppe in vorgewärmten Tellern anrichten. Mit dem Schlagrahm und dem Majoran garnieren.

Kastanien-Zwiebel-Suppe mit Rotwein

2 EL Olivenöl extra vergine
1 mittelgroße Zwiebel
reichlich frischer Rosmarin, Nadeln abgestreift, oder
1 Bund Thymian, Blättchen abgezupft
400–450 g gekochte Kastanien aus dem Glas oder
400–450 g tiefgekühlte Kastanien
1–1½ dl/100–150 ml kräftiger Rotwein
1 l Gemüse- oder Hühnerbrühe
frisch gemahlener Pfeffer
1 dl/100 ml Schlagrahm/ geschlagene Sahne
Mandarinenöl zum Beträufeln
Thymianblättchen zum Bestreuen

1
Die Zwiebel schälen und hacken, im Olivenöl braun und knusprig braten. Rosmarin oder Thymian zufügen und kurz dünsten, die Kastanien und den Rotwein zugeben, kurz köcheln lassen. Mit der Gemüse- oder Hühnerbrühe auffüllen, aufkochen, bei schwacher Hitze kochen, bis die Kastanien weich sind. Die Suppe durch ein Sieb streichen oder pürieren.

2
Kastaniensuppe anrichten, mit dem Schlagrahm garnieren, mit einigen Tropfen Mandarinenöl abrunden. Mit Thymianblättchen bestreuen.

Zum Rezept
Dieses Suppenrezept ist eines meiner Highlights an Kochkursen und Events. Ursprünglich habe ich die Suppe immer mit Rosmarin zubereitet, und als ich eines Tages nur Thymian verwendete, schmeckte die Suppe noch besser als mit Rosmarin. Probieren Sie es am besten selber aus. Das Mandarinenöl mag etwas exotisch sein, aber die Suppe schmeckt prima.

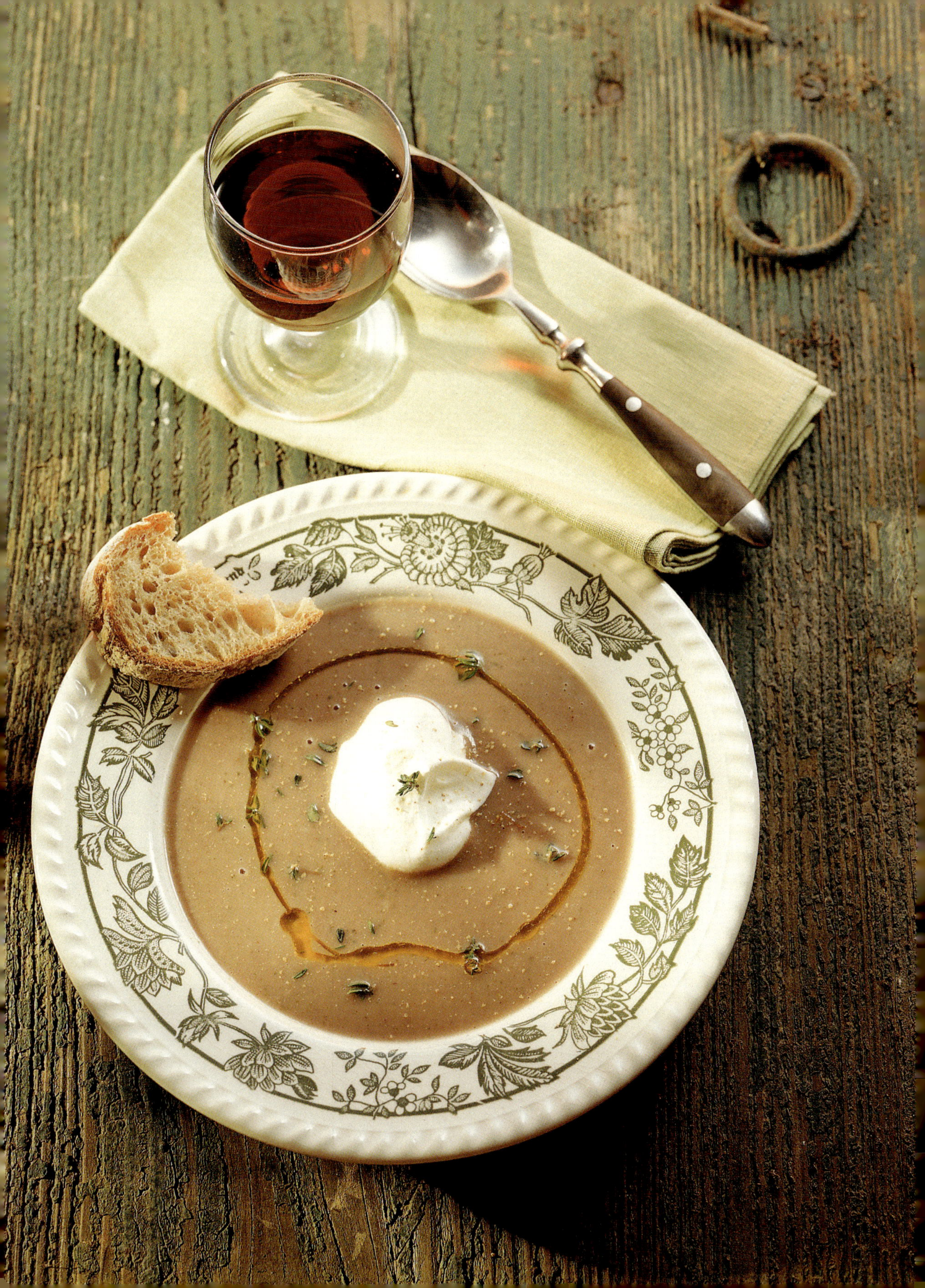

Kastanien-Ziegenfrischkäse-Aufstrich

1 großes Baguette

100 g milder Ziegenfrischkäse
oder
100 g Frischkäse nach Belieben,
z. B. Gervais
100 g gekochte Kastanien,
Seite 30 ff.
1 Basilikumzweiglein,
ca. 10 Blätter
½ Bund glattblättrige Petersilie
einige Tropfen Balsamico
1 unbehandelte Zitrone,
wenig abgeriebene Schale, oder Limonenöl
2–3 EL Olivenöl extra vergine
Kräutermeersalz
frisch gemahlener Pfeffer

1
Frischkäse, Kastanien, Basilikumblätter und gezupfte Petersilie (ohne Stiele) in der Moulinette zu einer glatten, streichfähigen Masse verarbeiten. Balsamico-Essig, Zitronenschalen und Olivenöl unterrühren, mit Kräutersalz und Pfeffer abschmecken.

2
Baguette in dünne Scheiben schneiden. Kastanien-Frischkäse-Aufstrich darauf ausstreichen.

Varianten
Aus der Paste kleine Kugeln formen und diese in Alfalfasprossen drehen. Oder Kugeln mit Basilikumblättern und einer Speckscheibe umwickeln und mit einem Zahnstocher fixieren. Oder Tomaten halbieren und aushöhlen, mit der Paste füllen. Oder die Paste auf Weinblätter oder große Basilikumblätter häufen und einwickeln; vor dem Servieren halbieren und mit Limonenöl beträufeln, mit gehackten Baum-/Walnüssen oder gerösteten Pinienkernen garnieren.

Omeletts aus Buchweizen mit Kastanien und Gemüse gefüllt

für 4 Omeletts

Teig
3 dl/300 ml Milch
2 Freilandeier
150 g Buchweizenmehl
½ TL Meersalz
Bratbutter/Butterschmalz zum Backen

Füllung
2 EL Butter
1 Zwiebel
1–2 Zuckermaiskolben oder 200 g Zuckermaiskörner aus dem Glas oder aus dem Tiefkühler
200 g frische oder tiefgekühlte Erbsen
2 TL Gemüsebrühepulver
1 Becher (2 dl/200 ml) Rahm/süße Sahne
200 g gekochte Kastanien, Seite 30 ff.
frischer Estragon
20 g geröstete, geschälte Buchweizenkörner

1
Für den Teig Milch und Eier verquirlen. Mehl und Salz beifügen, zu einem glatten Teig rühren. 30 Minuten oder länger quellen lassen.

2
Die Zwiebel schälen und fein hacken. Die Zuckermaiskolben von Hüllblättern und Barthaaren befreien. Die Kolben quer halbieren und mit der Schnittfläche auf die Arbeitsfläche stellen, die Körner mit einem scharfen Messer vom Kolben schneiden. Den Estragon grob hacken.

3
Zwiebeln in der Butter kurz dünsten. Erbsen und Maiskörner zugeben und 2 bis 3 Minuten mitdünsten. Gemüsebrühepulver darüberstreuen. Rahm angießen und bei schwacher Hitze köcheln lassen, bis die Erbsen und die Maiskörner gar sind. Tiefgekühlte Erbsen und Maiskörner aus dem Glas nicht andünsten, sondern mit dem Rahm zu den Zwiebeln geben. Die Kastanien kurz vor dem Servieren in der Sauce erhitzen. Estragon unterrühren.

4
In einer nicht klebenden Bratpfanne wenig Bratbutter zerlassen. Den Omeletteig aufrühren. Omeletts ausbacken, warm stellen. Immer wieder wenig Bratbutter in die Bratpfanne geben.

5
Die Omeletts auf vorgewärmten Tellern anrichten. Eine Hälfte mit der Kastanien-Gemüse-Füllung belegen, zusammenklappen. Mit dem Buchweizen bestreuen und mit Estragon garnieren.

Kastanien-Hühnerleber-Pâté für Crostini

1 kleine Zwiebel
1 Stück Stangensellerie oder
¼ Knollensellerie
1 kleine Karotte
2 EL Olivenöl extra vergine
2 EL Bratbutter/Butterschmalz
oder Butter
1–2 EL Tomatenpüree
200 g Hühner- oder Kaninchen-
leber, in Streifen
1 Lorbeerblatt
10 Rosmarinnadeln oder
1 Sträußchen Thymian,
Blättchen abgezupft
2 Salbeiblätter, in Streifchen
120 g Kastanien aus dem Glas
oder
120 g tiefgekühlte, gekochte
Kastanien
1½ dl/150 ml Rotwein
1 unbehandelte Zitrone,
abgeriebene Schale
1 Handvoll glattblättrige
Petersilie, Blättchen abgezupft
2 EL Butter oder
2–3 EL Olivenöl extra vergine
Kräutermeersalz
frisch gemahlener Pfeffer
Orangenöl zum Beträufeln

Weiß- oder Ruchbrot
zum Rösten

1
Die Zwiebel schälen und zerkleinern, die groben Fasern beim Stangensellerie abziehen, die Karotte schälen, alles von Hand oder im Cutter fein hacken. Das Gemüse in der Butter oder im Olivenöl 5 Minuten unter Rühren dünsten, das Tomatenpüree und die Leber zufügen, kurz weiterrühren. Gewürze und Kastanien zufügen, Rotwein angießen, 12 bis 15 Minuten bei schwacher Hitze köcheln. Erkalten lassen, Lorbeerblatt entfernen. Pfanneninhalt mit Zitronenschalen, Petersilie und Butter zu einer feinen Creme pürieren/mixen. Mit Kräutersalz und Pfeffer abschmecken.

2
Brot in feine Scheiben schneiden, im vorgeheizten Backofen bei 220 °C Hitze rösten.

3
Pâté auf dem gerösteten Brot ausstreichen. Mit Orangenöl beträufeln.

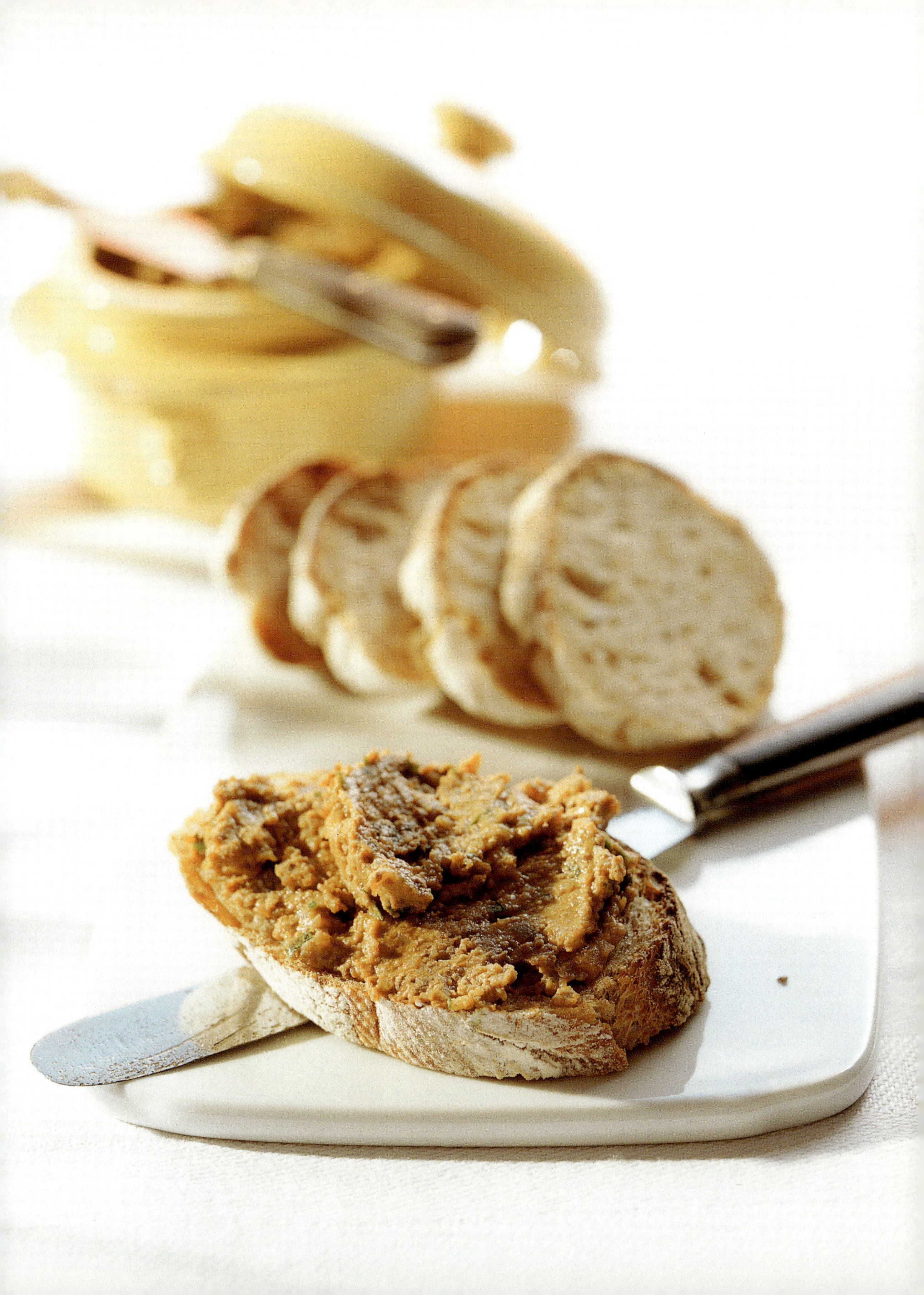

Kastanien-Buchweizen-Blinis mit Lauch

Teig
2 dl/200 ml Milch
2–3 Freilandeier
1 EL Olivenöl extra vergine
70 g Kastanienmehl
(aus luftgetrockneten
Kastanien)
70 g Buchweizen- oder
Dinkelvollkornmehl
1 Msp Meersalz
½ TL phosphatfreies Backpulver
2 EL gehackte Gartenkräuter
Olivenöl extra vergine oder
Butter zum Ausbacken

Gemüse
1 EL Olivenöl extra vergine
500 g kleine Lauchstangen
1 EL mittelscharfe
Currymischung
1 dl/100 ml Weißwein
Gemüsebrühepulver
Meersalz
frisch gemahlener Pfeffer

Buchweizensprossen

1
Für den Teig Milch, Eier und Olivenöl verquirlen. Mehle, Salz und Backpulver beifügen, zu einem glatten Teig rühren. 30 Minuten quellen lassen. Die Kräuter unterrühren.
2
Den Lauch putzen und diagonal in etwa 4 cm lange Stücke schneiden, im Olivenöl andünsten, Curry darüber streuen, den Weißwein angießen, den Lauch knackig garen. Mit Gemüsebrühepulver, Salz und Pfeffer würzen.
3
In einer nicht klebenden Bratpfanne wenig Olivenöl erhitzen. Bliniteig aufrühren. Blinis ausbacken. Warm stellen.
4
Die Blinis zusammen mit dem Lauch auf vorgewärmten Tellern anrichten. Mit den Sprossen garnieren.
Variante
Den Lauch durch Räucherlachs ersetzen, den man mit Limonenöl beträufelt. Mit frischem Dill garnieren.
Tipp
Für eine Hauptspeise die Menge verdoppeln.

Castagnaccio – Maronenfladen mit Rosmarin

für ein Wähenblech
von 26 cm Durchmesser

**250 g Kastanienmehl
(aus rauchgetrockneten
Kastanien)
½ TL Meersalz
2 EL Olivenöl extra vergine
5–7 dl/500–700 ml lauwarmes
Wasser
100 g eingeweichte Rosinen
120 g Pinienkerne
1 EL gehackte Rosmarinnadeln**

1
Den Backofen auf 180 °C vorheizen. Das Blech mit Butter einfetten.

2
Das Kastanienmehl und das Salz mischen. Das Olivenöl und das Wasser zugeben und glatt rühren (der Teig ist sehr flüssig). Rosinen, Pinienkerne und Rosmarin unterrühren. Den Teig in die Form füllen.

3
Maronenfladen im Ofen bei 180 °C 30 bis 40 Minuten backen. Nadelprobe machen.

Castagnaccio
Ein typisches Rezept aus der Toskana, das mit Rotwein oder Kaffee serviert wird.

Kastanien-Linsen-Pastete

1 l Gemüsebrühe
100 g rote Linsen
200 g geschälte Kastanien,
Seite 30 ff.
2 EL Olivenöl extra vergine
350 g Champignons
8 kleine Knoblauchzehen
2 kleine Zwiebeln oder
2 Schalotten
2 Bund Petersilie
1 TL fein gehackte
Rosmarinnadeln
1 TL gehackter Thymian
Kräutermeersalz
frisch gemahlener Pfeffer
evtl. wenig Mehl

1
Die Linsen und die Kastanien in der Gemüsebrühe sehr weich kochen, die Brühe abgießen.

2
Die Knoblauchzehen und die Zwiebeln schälen und grob hacken. Die Champignons putzen, je nach Größe halbieren oder vierteln. Die Petersilie hacken. Knoblauch, Zwiebeln, Champignons und die Kräuter im Olivenöl 3 bis 4 Minuten dünsten.

3
Den Backofen auf 180 °C vorheizen.

4
Linsen, Kastanien und Pilzgemisch im Cutter oder in der Moulinette fein hacken oder durch das Passevite drehen oder den Fleischwolf (feinste Scheibe) drücken. Kastanienmasse mit Salz und Pfeffer würzen. Die Pastetenform mit Olivenöl ausstreichen und mehlen. Kastanienmasse einfüllen und glatt streichen.

5
Die Pastete im Ofen auf mittlerem Einschub bei 180 °C eine Stunde backen. Erkalten lassen.

Tipp
Wie jede andere Pastete garnieren. Als Vorspeise oder mit Salat und Brot als leichtes Abendessen servieren.

Pikante Kastanienrouladen

für 6 Personen

Crêpes
2½ dl/250 ml Milch
3 Freilandeier
1 EL Olivenöl extra vergine
90 g Kastanienmehl
(aus rauchgetrockneten
Kastanien)
½ TL Meersalz
2 EL gehackte Rosmarinnadeln
Olivenöl extra vergine
zum Ausbacken

Füllung
**250 g Räucherlachs,
fein gehackt**

Blattsalat
Limonenöl

1
Für den Teig Milch, Eier und Olivenöl verquirlen. Mehl und Salz beifügen, zu einem glatten Teig rühren. Zugedeckt mindestens 30 Minuten quellen lassen. Rosmarin unterrühren.

2
In einer nicht klebenden Bratpfanne wenig Olivenöl erhitzen. Den Crêpeteig aufrühren. 6 Crêpes ausbacken. Warm stellen. Für jede Crêpe wenig Olivenöl in die Bratpfanne geben.

3
Den Räucherlachs auf die noch warmen Crêpes verteilen, aufrollen und in Stücke schneiden.

4
Den Blattsalat auf Tellern anrichten. Die Rouladen darauflegen. Mit Limonenöl beträufeln.

Variante
Die Crêpes mit gebratenen Mischpilzen füllen.

August und September

Kastanienragout mit Salbei	54
Würziges Kastanienpüree	54
Kastanienspätzle	56
Tagliatelle mit Kastanien und Curry	58
Kastanien-Bulgur-Burger auf Rosmarinsauce	59
Hausgemachte Kastaniennudeln mit Kräuterrahmsauce	60
Kastanienbraten mit Pilzen und Nüssen	61
Kastanien-Tofu-Burger mit Kräutern	62
Kastanien-Kürbis-Curry mit Nudeln	64
Kastanien mit Gemüse und Dinkel	65
Kastanien-Fenchel-Eintopf mit Vanillearoma	65
Kastanienravioli mit Salbeibutter	66
Caillettes traditionnelles ardèchoises – Adrio mit Kastanien	68
Zucchini mit Kastanien-Pilz-Füllung	69
Kastanien-Mais-Medaillons	69
Kastanien-Risotto mit Kräutern und Pilzen	70
Kastanien-Bohnen-Eintopf mit Lamm	72
Kastanien-Gemüse-Terrine	74
Kastanienpuffer mit Linsen und Steinpilzen	75
Nonnas Kastanien-Grießschnitten	75
Kastanien-Lamm-Burger	76
Knödel mit Kastanienfüllung	76
Kastaniensoufflé mit Zwiebeln und Rosmarin	78

Hauptgerichte

Kastanienragout mit Salbei

4 EL Olivenöl extra vergine
2 kleine Zwiebeln
30 Salbeiblätter
800 g geschälte Kastanien,
Seite 30 ff.
½ l Milch
Kräutermeersalz
frisch gemahlener Pfeffer

1
Die Zwiebeln schälen und fein hacken. Die Salbeiblätter in Streifchen schneiden.

2
Die Zwiebeln im Olivenöl andünsten, den Salbei und die Kastanien zugeben und kurz mitdünsten. Mit der Milch aufgießen, bei schwacher Hitze 8 bis 12 Minuten köcheln, bis die Kastanien weich sind. Möglichst nicht rühren, damit die Früchte ganz bleiben. Je nach Flüssigkeit wenig Milch nachgießen. Das Ragout darf nicht trocken sein.

Zum Rezept
Ein traditionelles Gericht aus der Ardèche.

Tipp
Das Kastanienragout mit Gemüse und Salat als ganze Mahlzeit servieren.

BILD

Würziges Kastanienpüree

1 kg geschälte Kastanien,
Seite 30 ff.
ca. 3 dl/300 ml Milch
50 g Butter
1 Prise Vollrohrzucker
Meersalz
frisch gemahlener Pfeffer

1
Die Kastanien in einem Siebeinsatz im Dampf sehr weich garen.

2
Die noch heißen Kastanien durch das Passevite direkt in die Pfanne drehen, Milch und Butter zugeben und unter Rühren mit dem Schneebesen aufkochen, würzen.

Tipp
Ideal zum Füllen von Tomaten und als Ersatz für Kartoffelstock. Für Garnituren das Püree in einen Spritzbeutel mit großer Sterntülle füllen und direkt auf den Teller spritzen, z. B. zu Rotkohl, Wild, Knöpfli usw.

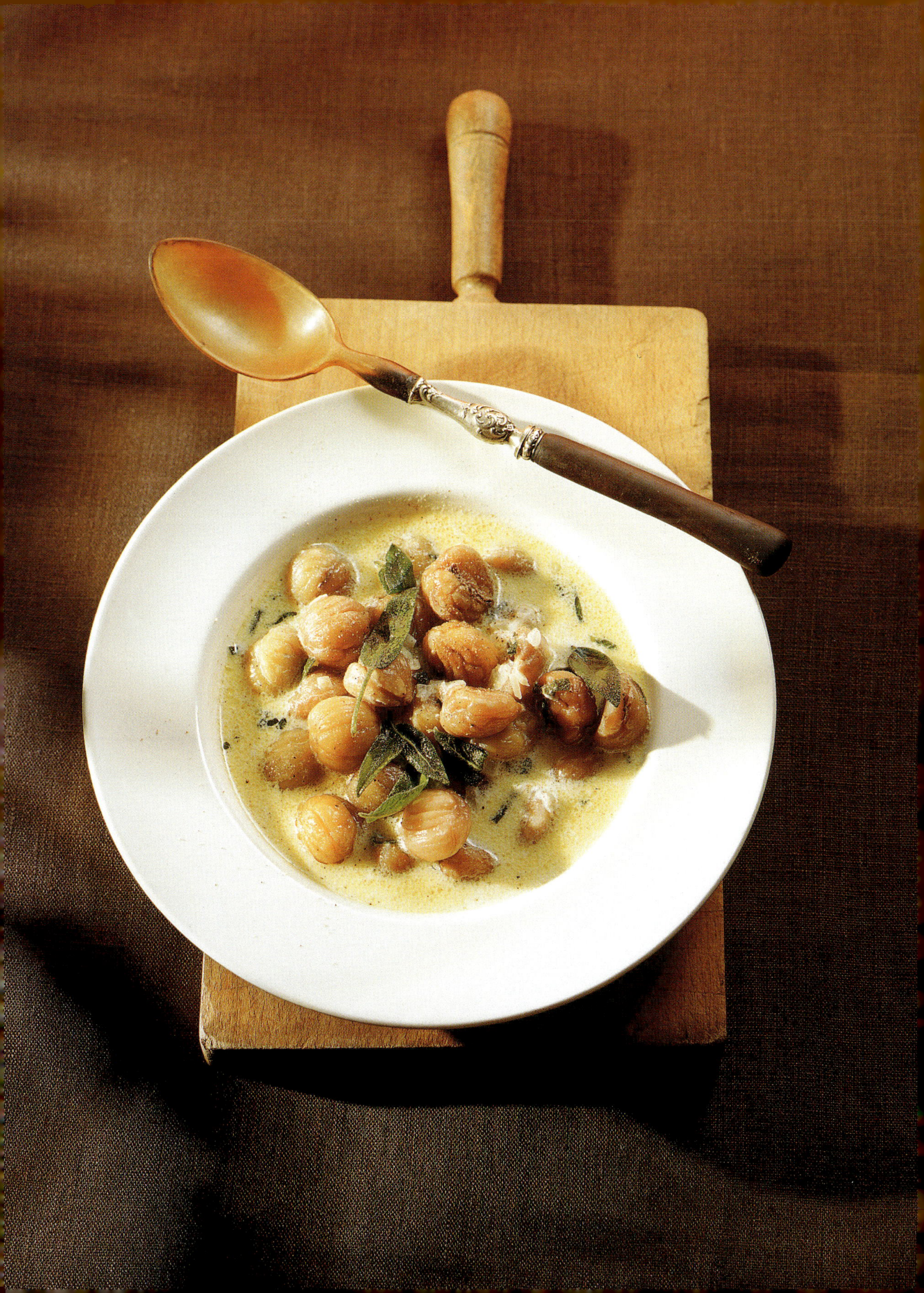

Kastanienspätzle

200 g Dinkelweißmehl/
Mehltype 405 oder
200 g Dinkelruchmehl/
Mehltype 1050
200 g Kastanienmehl
(nach Möglichkeit aus luftgetrockneten Kastanien)
4 Freilandeier
2 dl/200 ml Milch
1 TL Meersalz

2 Lauchstangen
wenig Gemüsebrühe
300–400 g Pilze
Olivenöl extra vergine
frisch gemahlener Pfeffer
Kräutermeersalz
fein gehackte Kräuter,
z. B. Thymian, Majoran,
Rosmarin

geriebener Sbrinz oder
Pecorino oder Parmesan

1
Sämtliche Zutaten für die Spätzle in eine Schüssel geben und zu einem glatten Teig rühren, 30 Minuten ruhen lassen.

2
Beim Lauch Hüllblätter und zähe Blattteile entfernen, die Stangen längs aufschneiden und in mundgerechte Stücke schneiden, in der Gemüsebrühe knackig dünsten.

3
Pilze mit einem trockenen Tuch abreiben, je nach Größe halbieren, vierteln oder in Streifen schneiden, in einer nicht klebenden Bratpfanne in wenig Olivenöl dünsten, würzen.

4
In einem Kochtopf reichlich Salzwasser erhitzen. Den Teig in Portionen durch das Spätzlesieb streichen, die Spätzle an die Oberfläche steigen lassen, mit einem Schaumlöffel herausnehmen und unter kaltem Wasser abschrecken.

5
Spätzle und Lauch zu den Pilzen geben, unter Rühren erhitzen, mit Kräutersalz und Pfeffer abschmecken, würzen, mit den Kräutern abrunden. Anrichten. Mit dem Käse bestreuen.

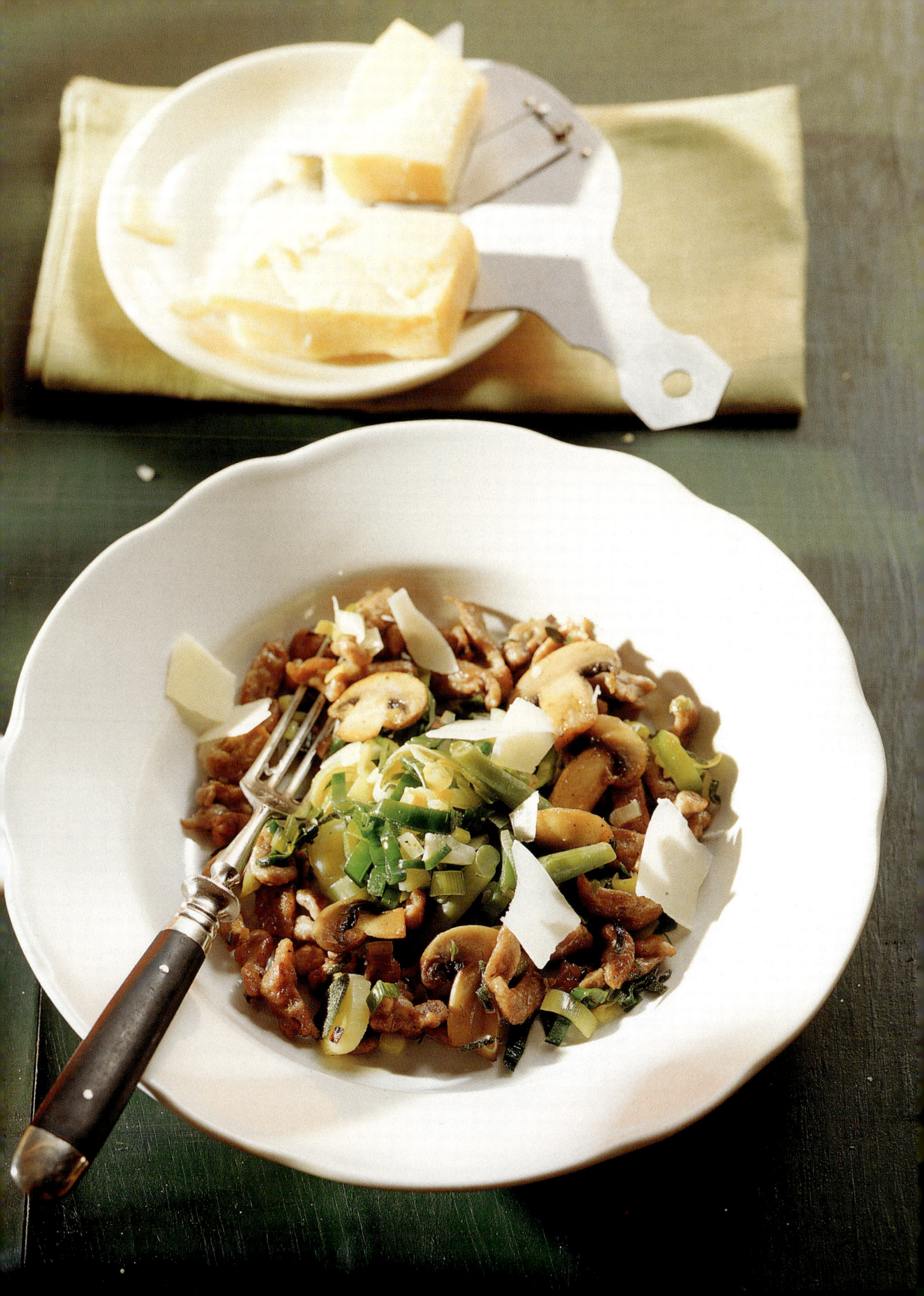

Tagliatelle mit Kastanien und Curry

250 g grüne Nudeln/Tagliatelle
1 TL Olivenöl extra vergine

Sauce
20 g Butter oder
2 EL Olivenöl extra vergine
1 mittelgroße Zwiebel
1 TL mittelscharfe
Currymischung
2½ dl/250 ml Rahm/Sahne
120 g grob gehackte,
gekochte Kastanien,
Seite 30 ff.
Kräutermeersalz
frisch gemahlener Pfeffer

2 EL Pinienkerne
100 g Champignons
Basilikum oder Petersilie

1
Reichlich Salzwasser mit dem Olivenöl (1 TL) aufkochen, die Nudeln zufügen und al dente kochen. Abgießen, mit kaltem Wasser abschrecken.

2
Pinienkerne in einer Bratpfanne ohne Fett rösten, beiseite stellen. Die Champignons putzen und blättrig schneiden, in der Nusspfanne in wenig Olivenöl Farbe annehmen lassen, beiseitestellen.

3
Für die Sauce die Zwiebel schälen und fein hacken, in der Butter dünsten. Currypulver darüberstreuen, mit dem Rahm aufgießen, einige Minuten köcheln lassen. Die Kastanien zugeben, erhitzen. Mit Kräutersalz und Pfeffer abschmecken.

4
Die Nudeln zusammen mit den Pinienkernen und den Champignons zur Sauce geben, gut vermengen, erhitzen. Anrichten. Mit Basilikum oder Petersilie garnieren.

Kastanien-Bulgur-Burger auf Rosmarinsauce

125 g Bulgur
2½ dl/250 ml Gemüsebrühe
1 EL Olivenöl extra vergine
1 Zwiebel
100 g Karotten
100 g frische oder tiefgekühlte grüne Erbsen
2 EL gehackte Petersilie
1 TL gehacktes Bohnenkraut
wenig Gemüsebrühe
150 g gekochte Kastanien, Seite 30 ff.
2 Freilandeier
2 EL geriebener Käse
1 gehäufter EL Vollkornmehl
Meersalz
frisch gemahlener Pfeffer
Olivenöl extra vergine

Rosmarinsauce
1 EL Olivenöl extra vergine
1 kleine Zwiebel
1 Zweig Rosmarin
2–3 EL Sojasauce
1 TL Tomatenmark, nach Belieben
1½ dl/150 ml Rotwein
2 dl/200 ml Gemüsebrühe
1 TL Pfeilwurzelmehl

1
Bulgur mit der Gemüsebrühe aufkochen, bei schwacher Hitze 5 Minuten köcheln, auf der ausgeschalteten Wärmequelle zugedeckt 20 Minuten ausquellen lassen.

2
Die Zwiebel schälen und fein hacken. Die Karotten putzen und klein würfeln. Zwiebeln, Karotten und Erbsen im Olivenöl andünsten, die Kräuter und die Kastanien beifügen und mitdünsten, wenig Gemüsebrühe angießen, bei schwacher Hitze weich garen. Das Ganze mit einer Gabel fein zerdrücken.

3
Eier, Käse und Mehl mit der Gemüse-Kastanien-Masse vermengen, mit Salz und Pfeffer abschmecken.

4
Für die Sauce die Zwiebel schälen, fein hacken. Rosmarinnadeln abstreifen und fein hacken. Zwiebeln im Olivenöl andünsten, Rosmarin zugeben und mitdünsten. Sojasauce, Tomatenmark und Rotwein beifügen und bei schwacher Hitze auf die Hälfte einreduzieren. Mit der Gemüsebrühe auf die gewünschte Saucenmenge ergänzen, mit dem mit wenig Wasser angerührten Pfeilwurzelmehl binden, 5 Minuten köcheln. Sauce durch ein Sieb passieren.

5
In einer nicht klebenden Bratpfanne ein wenig Olivenöl erhitzen. Aus der Masse Bratlinge formen, bei mittlerer Hitze beidseitig braten.

Varianten
Rosmarin durch Thymian oder Majoran ersetzen. Burgermasse in eine Cakeform füllen und im Backofen bei 200 °C 30 Minuten backen. Heiß stürzen und in Scheiben schneiden.

Hausgemachte Kastaniennudeln mit Kräuterrahmsauce

Nudeln
200 g Dinkel- oder Weizenvollkornmehl
200 g Kastanienmehl (aus luftgetrockneten Kastanien)
4–5 Freilandeier, je nach Größe
1 TL Meersalz
1 EL Olivenöl extra vergine

Kräuterrahmsauce
1 EL Butter
2 kleine Zwiebeln
1 Zweiglein Rosmarin
4 Salbeiblätter
1 TL fein gehackter Majoran
2 dl/200 ml Gemüsebrühe
1 EL Pfeilwurzelmehl
1 Becher (2 dl/200 ml) Rahm/Sahne
frisch gemahlener Pfeffer
Kräutermeersalz

1
Für den Nudelteig alle Zutaten in eine Schüssel geben, zu einem geschmeidigen Teig verarbeiten, Teig in Klarsichtfolie einwickeln, bei Zimmertemperatur 1 bis 2 Stunden ruhen lassen.

2
Den Teig auf bemehlter Arbeitsfläche sehr dünn ausrollen, 30 Minuten trocknen lassen. In die gewünschte Nudelform schneiden.

3
Für die Kräutersauce Zwiebeln schälen und fein hacken. Die Rosmarinnadeln vom Zweiglein abstreifen, fein hacken. Die Salbeiblätter in Streifchen schneiden. Zwiebeln und Kräuter in der Butter andünsten. Das Pfeilwurzelmehl mit wenig Gemüsebrühe anrühren, zusammen mit der Gemüsebrühe und dem Rahm in die Pfanne geben, unter Rühren aufkochen, bei schwacher Hitze köcheln, bis die Sauce die gewünschte Konsistenz hat, ab und zu rühren. Mit Pfeffer und Kräutersalz würzen und nach Belieben pürieren.

4
Die Nudeln in kochendem Salzwasser al dente kochen, rund 5 Minuten, abgießen und mit der Kräuterrahmsauce vermengen.

Nudelmaschine
Mit einer Nudelmaschine ist die Teigverarbeitung einfacher; es gibt im Handel preiswerte Modelle.

Nudelteig
Dieser Grundteig eignet sich für Lasagne, Ravioli und auch andere Nudelspezialitäten. Rohe Nudeln können im Kühlschrank 2 bis 3 Tage aufbewahrt werden.

Kastanienbraten mit Pilzen und Nüssen

für eine Cakeform
von 20 cm Länge

2 EL Olivenöl extra vergine
1 kleine Zwiebel
1 Knoblauchzehe
150 g Pilze, z. B. Champignons, Steinpilze, Eierschwämme
2–3 EL fein gehackte frische Kräuter, z. B. Rosmarin, Thymian, Majoran, Salbei, Petersilie
150 g gekochte Kastanien, Seite 30 ff.
2 Freilandeier
1 dl/100 ml Rahm/Sahne
150 g geriebene Baum-/Walnüsse
75 g Vollkornbrotbrösel
Kräutermeersalz
1 EL Sojasauce
1 TL Gemüsebrühepulver
frisch gemahlener Pfeffer

ca. 12 gekochte Kastanien für die Garnitur

1
Die Zwiebel und die Knoblauchzehe schälen, fein hacken. Pilze putzen und von Hand oder in der Moulinette fein hacken. Die Kastanien in der Moulinette fein pürieren oder durch ein Passevite drehen.

2
Zwiebeln, Knoblauch sowie Pilze im Olivenöl bei starker Hitze 2 bis 3 Minuten dünsten. Die Kräuter kurz mitdünsten. Die Kastanien unterrühren. Abkühlen lassen.

3
Den Backofen auf 200 °C vorheizen.

4
Eier, Rahm, Nüsse und Brotbrösel mit der Kastanienmasse vermengen, kräftig würzen. Die Masse in die eingefettete Form füllen, glatt streichen. Die restlichen Kastanien in der Mitte in die Masse drücken.

5
Den Kastanienbraten im Ofen bei 200 °C rund 30 Minuten backen. Nadelprobe machen. Vor dem Anschneiden 10 Minuten ruhen lassen.

Fortsetzung von Seite 61

Serviervorschlag

Mit im Dampf gegartem Wirz/Wirsing und einer Safransauce servieren. Für die Sauce 1 TL Butter schmelzen, 1 Messerspitze Safranpulver und 10 Safranfäden zugeben, 2 dl/200 ml Gemüsebrühe und 1 dl/100 g Rahm/süße Sahne zugeben. Die Safransauce bei schwacher Hitze 5 Minuten köcheln. Mit 20 g Mehlbutter (die gleiche Menge Butter und Mehl zusammenfügen) binden, die man mit dem Schneebesen stückchenweise unter die Sauce rührt. Nochmals kurz köcheln.

Variante

Den Kastanienbraten erkalten lassen und als Antipasto mit in Öl eingelegten Oliven auf Salat servieren.

Kastanien-Tofu-Burger mit Kräutern

200 g Seidentofu (weicher Tofu)
200 g gekochte Kastanien aus dem Glas
1 Kräutersträußchen, z. B. Thymian, Majoran und Rosmarin
glattblättrige Petersilie
1–2 Freilandeier
Kräutermeersalz
frisch gemahlener Pfeffer
½ unbehandelte Zitrone, abgeriebene Schale
Olivenöl extra vergine zum Braten

1
Tofu, Kastanien und Kräuter am besten im Cutter hacken, mit dem Ei/den Eiern vermengen, würzen, die Zitronenschalen unterrühren.

2
Aus der Tofu-Kastanien-Masse kleine Puffer formen, im Olivenöl beidseitig je 3 bis 4 Minuten braten. Mit der Rosmarinsauce, Seite 59, oder einer Zitronen- oder Kürbissauce servieren.

Variante

Einen kleinen Peperoncino entkernen, mit Tofu, Kastanien und Kräutern hacken.

Tipp

Mit gebratenen Pilzen servieren.

BILD

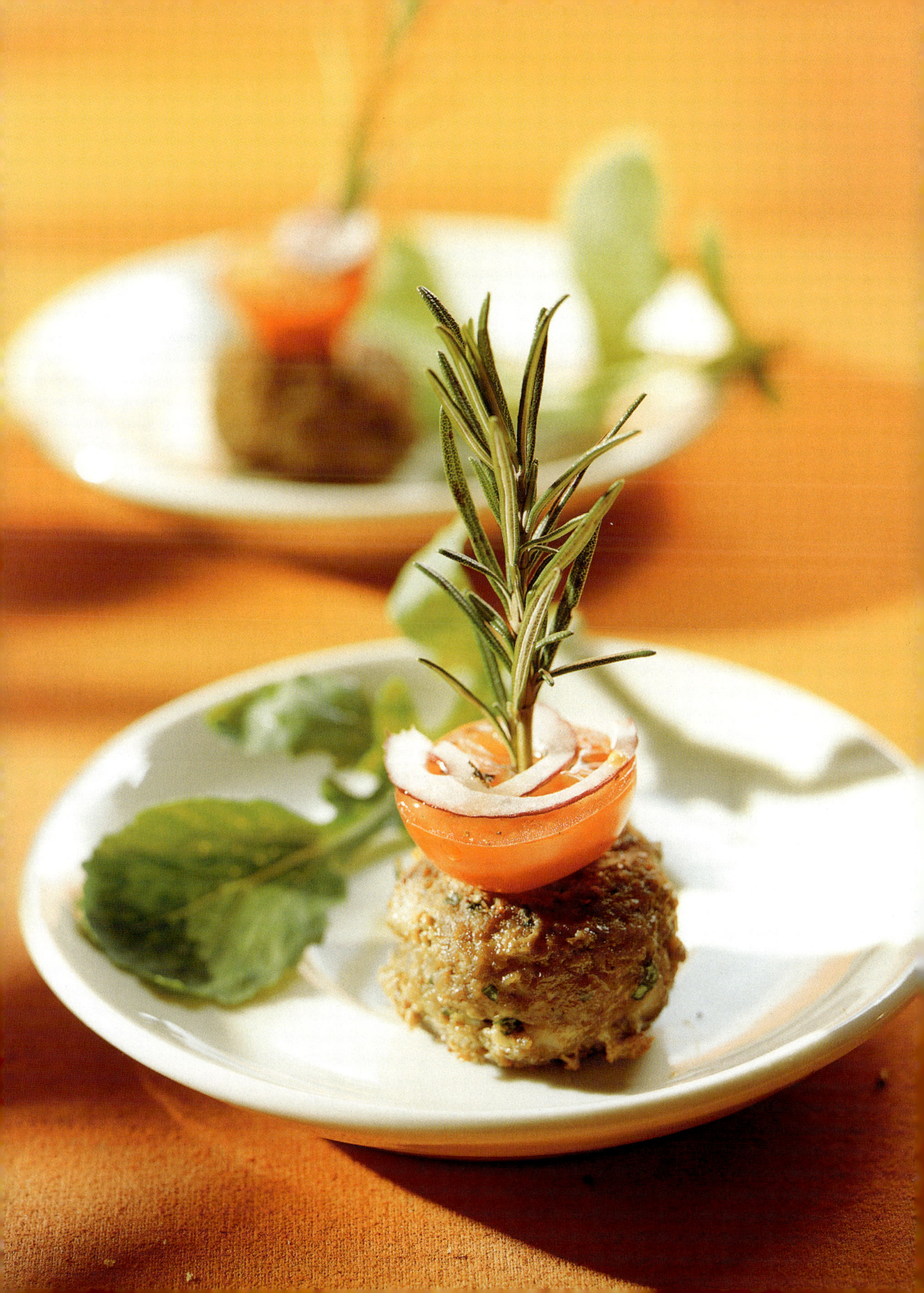

Kastanien-Kürbis-Curry mit Nudeln

250 g breite Bandnudeln
2 EL Olivenöl extra vergine
1 Zwiebel
1 Knoblauchzehe
700 g Kürbis, z. B. Muscade de Provence
300 g geschälte Kastanien, Seite 30 ff.
4 EL Sultaninen
1 TL milde Currymischung
½ TL scharfe Currymischung
1 TL getrockneter Thymian
1 Prise Kurkuma/Gelbwurz
1 Prise geriebene Muskatnuss
1 Prise Paprikapulver
½ dl/50 ml Weißwein
2 dl/200 ml Gemüsebrühe
Meersalz

1
Zwiebel schälen und in feine Scheiben schneiden, Knoblauchzehe schälen und fein hacken. Kürbis schälen, in kleine Stücke schneiden.

2
Zwiebeln und Knoblauch im Olivenöl andünsten. Kürbis, Kastanien und Sultaninen kurz mitdünsten, Gewürze darüberstreuen. Weißwein und Gemüsebrühe angießen, bei schwacher Hitze köcheln lassen, bis der Kürbis und die Kastanien weich sind.

3
Die Nudeln in reichlich Salzwasser al dente kochen. Abgießen.

4
Nudeln mit dem Kastanien-Kürbis-Gemüse vermengen.

Kastanien mit Gemüse und Dinkel

100 g Dinkelkörner
2 EL Olivenöl extra vergine
100 g Zwiebeln
100 g Karotten
100 g Knollensellerie
100 g Lauch
250 g gekochte Kastanien,
Seite 30 ff.
1 gehäufter TL scharfe
Currymischung
1 EL Sojasauce

1
Die Dinkelkörner mit einem halben Liter kaltem Wasser aufkochen und 5 Minuten sprudelnd kochen, auf der ausgeschalteten Wärmequelle zugedeckt mindestens 1 Stunde ausquellen lassen. In einem Sieb abtropfen lassen.

2
Die Zwiebel schälen und in feine Scheiben schneiden. Die Karotten und den Sellerie schälen und in feine Streifen (Julienne) schneiden, den Lauch putzen und ebenfalls in Streifchen schneiden.

3
Das Gemüse im Wok oder in einer geeigneten Pfanne im Olivenöl 5 Minuten rührbraten. Die Dinkelkörner mit den Kastanien zufügen, 1 Minute rührbraten, Curry darüberstreuen, die Sojasauce unterrühren, sofort servieren.

Tipp
Mit kurz gebratenem Fleisch servieren.

Kastanien-Fenchel-Eintopf mit Vanillearoma

500 g ungeschälte
Kastanien
2 Stängel Fenchelkraut
1 Vanilleschote
1 l Milch
Vollrohrzucker

1
Die Kastanien kreuzweise einschneiden (einritzen). Zusammen mit dem Fenchelkraut in einem großen Kochtopf in reichlich Wasser 5 Minuten sprudelnd kochen. Das Wasser abgießen, die Früchte sehr heiß schälen.

2
Die Vanilleschote aufschneiden, das Mark auskratzen, beides mit der Milch und den Kastanien in den Kochtopf geben, aufkochen und bei schwacher Hitze 10 Minuten köcheln lassen. Schoten entfernen. Nach Belieben süßen.

3
Kastanien samt Milch in großen Suppentassen anrichten. Mit dem Fenchelgrün garnieren.

Zum Rezept
In Südfrankreich werden Kastanien seit Generationen nach diesem Rezept zubereitet.

Kastanienravioli mit Salbeibutter

für 35–45 Ravioli

Ravioliteig
**150 g Dinkelruchmehl/Type 1050
oder Dinkelweißmehl/Type 405
100 g Kastanienmehl
(aus luftgetrockneten
Kastanien)
2 Freilandeier
1 TL Meersalz
1 EL Olivenöl extra vergine
evtl. wenig Wasser (2–3 EL)**

**1 Bund Salbei
50 g Butter**

Füllung
**30 g Speckwürfelchen oder
1 EL Olivenöl extra vergine
100 g gekochte Kastanien,
Seite 30 ff.
1 unbehandelte Zitrone,
wenig abgeriebene Schale
reichlich fein gehackte
Kräuter, z. B. Salbei, Rosmarinnadeln, Thymian, Basilikum
2 Knoblauchzehen
100 g Ricotta
40 g Ziegenfrischkäse
3 EL Olivenöl extra vergine
Meersalz
frisch gemahlener Pfeffer**

1
Mehle, Eier, Salz und Olivenöl in einer Schüssel glatt rühren. So viel Wasser zugeben, dass ein glatter Teig entsteht. Den Teig in Klarsichtfolie einwickeln, bei Zimmertemperatur mindestens 30 Minuten ruhen lassen.

2
Den Ravioliteig auf bemehlter Arbeitsfläche dünn ausrollen. Rondellen von 5,5 bis 8 cm Durchmesser ausstechen. 30 Minuten trocknen lassen.

3
Die Kastanien und die Kräuter fein hacken, die Knoblauchzehen schälen. Speckwürfelchen in einer Bratpfanne auslassen oder das Olivenöl erhitzen, Kastanien, Kräuter und durchgepresste Knoblauchzehen zugeben, kurz dünsten. Abkühlen lassen. Ricotta, Ziegenfrischkäse und Olivenöl mit den Kastanien vermengen. Würzen.

4
Die Masse auf die Hälfte der Teigrondellen verteilen, eine zweite Rondelle darauflegen, Rand mit einer Gabel gut andrücken.

5
Ravioli in reichlich Salzwasser al dente kochen, 4 bis 5 Minuten.

6
Die Salbeiblätter abzupfen, in der Butter kurz braten. Die Ravioli mit einem Schaumlöffel aus dem Kochwasser nehmen, in der Salbeibutter schwenken.

Tipps
Die Ravioli können roh wie gekocht 2 bis 3 Tage im Kühlschrank aufbewahrt werden. Restliche Füllung als Brotaufstrich verwenden.

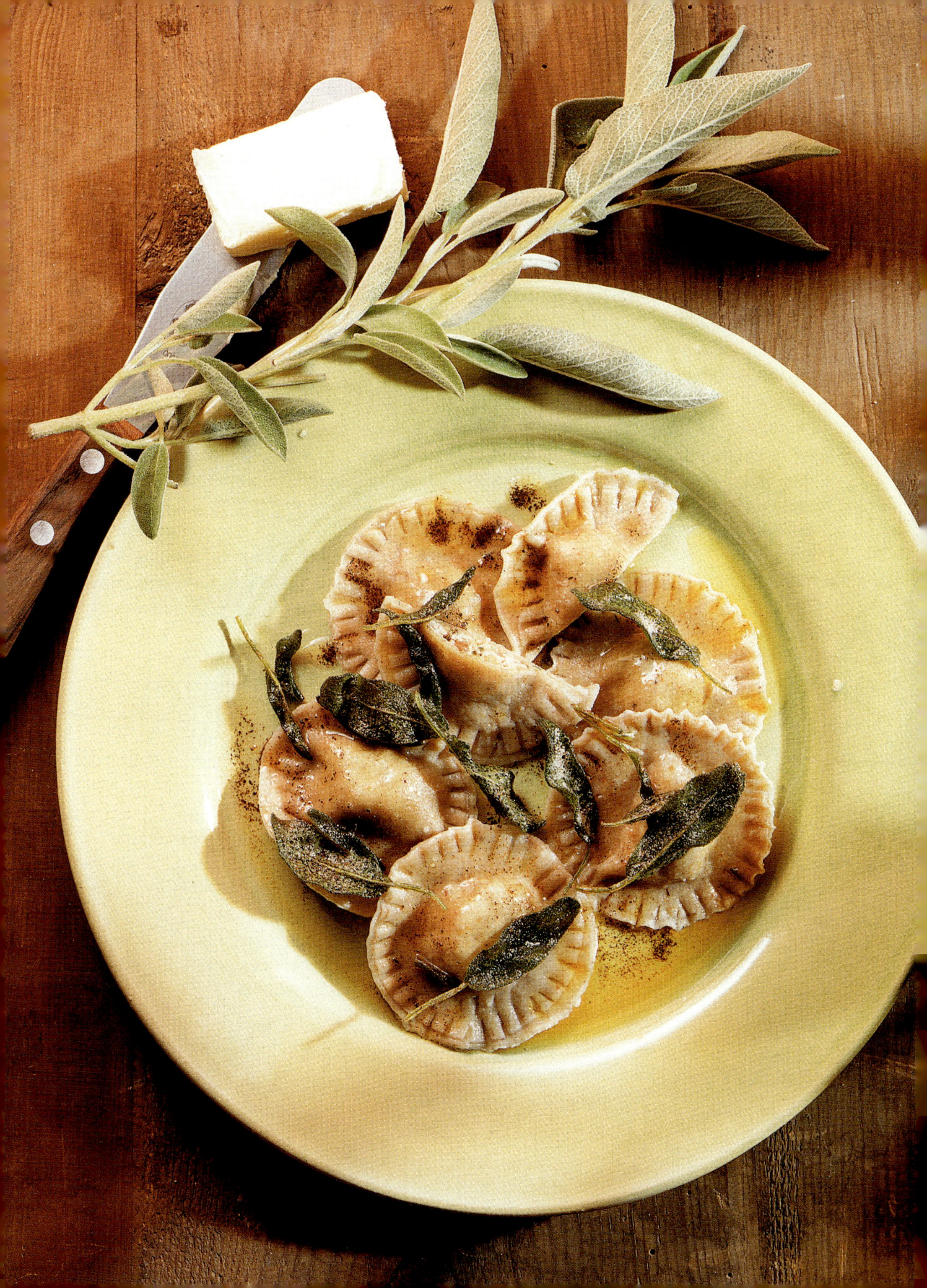

Caillettes traditionnelles ardèchoises
Adrio mit Kastanien

2 EL Olivenöl extra vergine
1 große Zwiebel
250 g Schweinefleisch
250 g Schweineleber
500 g gekochte Kastanien,
Seite 30 ff.
1 TL fein gehackter Thymian
oder
2 Msp getrockneter Thymian
Meersalz
frisch gemahlener Pfeffer

10 Stück Schweinenetz,
20 x 20 cm
Salbeiblätter

1
Die Zwiebel schälen und fein hacken. Das Fleisch und die Leber durch den Fleischwolf drehen (5-mm-Lochscheibe) oder beim Metzger hacken lassen. Die Kastanien grob hacken.

2
Die Zwiebeln im Olivenöl andünsten, das Fleisch und die Leber zugeben, bei starker Hitze unter Rühren kräftig anbraten. Die Kastanien und die Kräuter unterrühren, mit Salz und Pfeffer würzen.

3
Den Backofen auf 220 °C vorheizen.

4
Auf jedes Schweinenetz ein Salbeiblatt legen. Aus der Fleisch-Kastanien-Masse Kugeln in der Größe eines kleinen Apfels formen und darauflegen, mit dem Netz einpacken. Mit dem Salbeiblatt oben in eine eingefettete Gratinform stellen. Wenig Gemüsebrühe angießen.

5
Die Adrio im Ofen bei 220 °C etwa 40 Minuten braten.

Caillette traditionnelle ardèchoise
In der Ardèche werden die Kugeln mit einer Tomatensauce als Vorspeise oder mit gedämpften Tomaten und Bratkartoffeln als Hauptspeise serviert.

Zucchini mit Kastanien-Pilz-Füllung

4 mittelgroße Zucchini
2 EL Olivenöl extra vergine
1 kleine Zwiebel
1 Knoblauchzehe
200 g Champignons
300 g gekochte Kastanien, Seite 30 ff.
fein gehackte Petersilie
1 TL getrocknete Provencekräuter
Kräutermeersalz
frisch gemahlener Pfeffer
Paprikapulver
geriebene Muskatnuss

1
Die Zucchini mit Schale der Länge nach halbieren und mit einem Löffel aushöhlen. Zucchinifleisch fein hacken.

2
Die Zwiebel und die Knoblauchzehe schälen und fein hacken. Die Pilze putzen und fein hacken. Die Kastanien klein hacken.

3
Den Backofen auf 200 °C vorheizen.

4
Zwiebeln, Knoblauch, Zucchinifleisch und Pilze im Olivenöl andünsten, Petersilie, Provencekräuter sowie Kastanien zufügen und kurz mitdünsten. Würzen. Die Zucchinihälften damit füllen.

5
Zucchini im Ofen bei 200 °C 10 bis 15 Minuten backen.

Kastanien-Mais-Medaillons

100 g geschälte Kastanien, Seite 30 ff.
4 dl/400 ml Gemüsebrühe
100 g feiner Maisgrieß
1 EL fein gehackte Petersilie
Kräutermeersalz
frisch gemahlener Pfeffer
Bratbutter/Butterschmalz zum Braten

1
Kastanien im Dampf etwa 12 Minuten garen, noch heiß hacken.

2
Die Gemüsebrühe aufkochen, den Maisgrieß einrieseln lassen, bei schwacher Hitze unter häufigem Rühren köcheln lassen, bis die Masse eindickt, Kastanien und Petersilie unterrühren, fest werden lassen. Mit Kräutersalz und Pfeffer abschmecken.

3
Den Maisbrei auf einem eingefetteten rechteckigen Blechrücken etwa 1 cm dick ausstreichen, erkalten lassen. Mit gezacktem, rundem Ausstecher Rondellen oder beliebige Formen ausstechen.

4
Die Medaillons in einer nicht klebenden Bratpfanne in der Bratbutter beidseitig langsam braten.

Kastanien-Risotto mit Kräutern und Pilzen

2 EL Olivenöl extra vergine
1 Zwiebel
200 g Risottoreis
1 dl/100 ml Weißwein
1 Kräutersträußchen,
z. B. Salbei, Rosmarin, Thymian, gehackt
200 g gekochte Kastanien aus dem Glas oder
200 g tiefgekühlte Kastanien
8 dl–1 l/800 ml–1 l heiße Gemüse- oder Hühnerbrühe
1 dl/100 ml Rahm/Sahne
fein gehackte glattblättrige Petersilie
geriebener Sbrinz oder Pecorino nach Belieben
frisch gemahlener Pfeffer
Olivenöl extra vergine zum Beträufeln

2 EL Olivenöl extra vergine
300 g Pilze, je nach Saison
Meersalz
frisch gemahlener Pfeffer

1
Die Zwiebel schälen und fein hacken, im mäßig warmen Olivenöl dünsten, den Reis zufügen und glasig werden lassen, den Weißwein und die Kräuter zugeben, nach und nach die heiße Gemüsebrühe zugeben, immer wieder einkochen lassen. Die Garzeit beträgt etwa 20 Minuten; der Reis soll noch Biss haben. Gekochte Kastanien die letzten 5 Minuten mitkochen. Tiefgekühlte Kastanien 10 bis 12 Minuten vor Ende der Garzeit unter den Reis rühren. Die Kastanien dürfen ohne Weiteres zerfallen. Den Risotto mit Rahm verfeinern und diesen wenig einkochen lassen. Kurz vor dem Servieren mit Petersilie und Pecorino bestreuen. Mit frisch gemahlenem Pfeffer bestreuen und nach Belieben mit einigen Tropfen Olivenöl abrunden.

2
Die Pilze mit einem trockenen Tuch abreiben, je nach Größe halbieren, vierteln oder in Streifen schneiden, im Olivenöl braten, mit Salz und Pfeffer abschmecken, über den Risotto streuen und nach Belieben mit wenig Käse bestreut servieren.

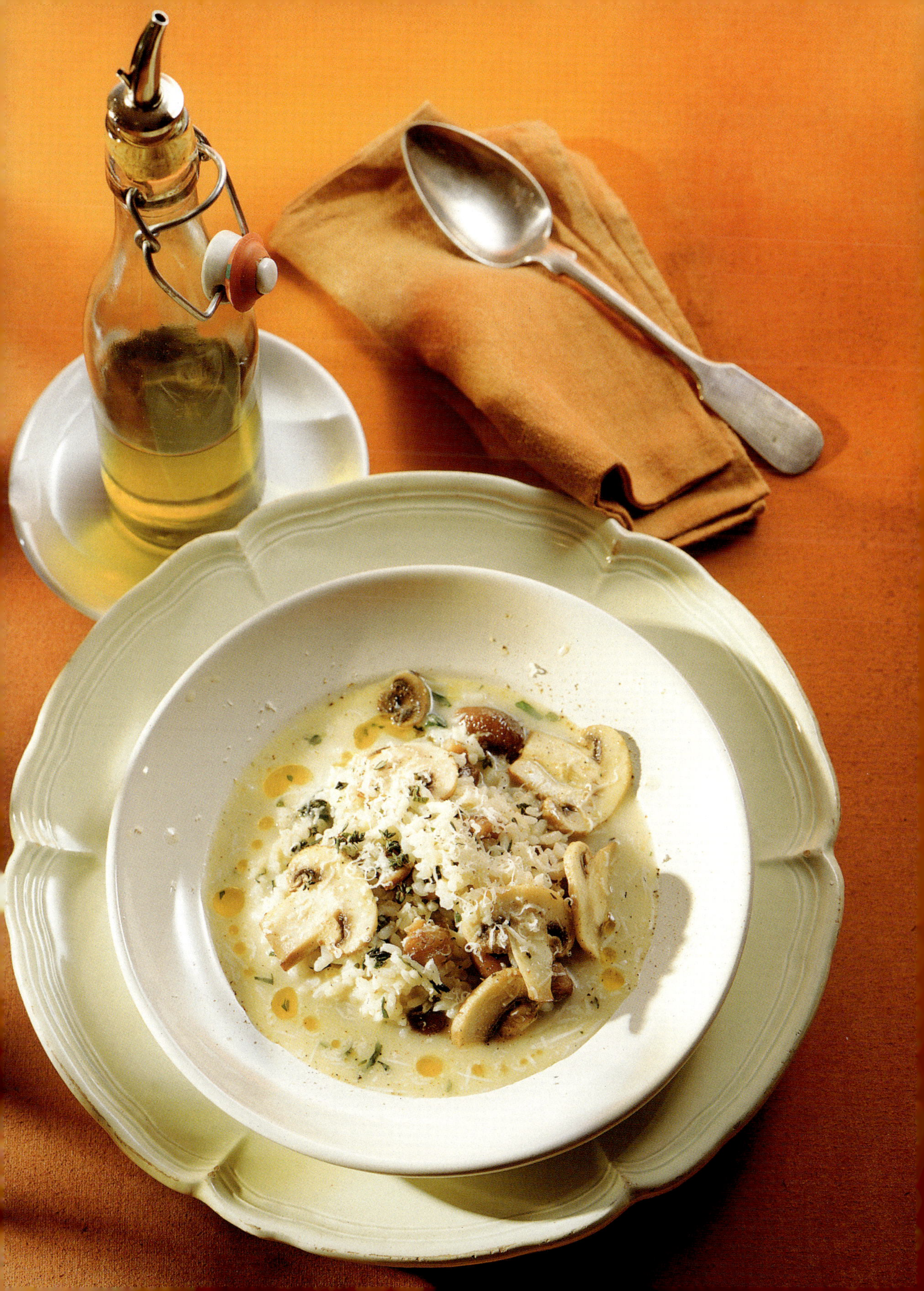

Kastanien-Bohnen-Eintopf mit Lamm

2 EL Olivenöl extra vergine
400 g Ragout von Lamm
oder Rind
1–2 mittelgroße Zwiebeln
120 g getrocknete
weiße Bohnen
120 g getrocknete Kastanien
1 Lorbeerblatt
2–3 EL Tomatenpüree
1½–2 dl/150–200 ml Rotwein
ca. ½ l Gemüsebrühe
200 g Stangenbohnen
400 g eher mehliges Kürbisfleisch, z. B. Potimarron/
Oranger Knirps
Kräutermeersalz
frisch gemahlener Pfeffer
gehackte Petersilie

1
Die weißen Bohnen und die getrockneten Kastanien über Nacht getrennt in Wasser einweichen. Das Bohnenwasser weggießen, die Bohnen mit frischem Wasser aufsetzen, bei mittlerer Hitze rund 10 Minuten kochen, in ein Sieb abgießen. Das Einweichwasser der Kastanien weggießen, die braunen Häutchen und die braunen Stellen mit einem spitzen Messer entfernen.

2
Die Zwiebeln schälen und achteln. Den Stielansatz der Bohnen wegschneiden, je nach Größe halbieren. Kürbisfleisch in Würfel schneiden.

3
Fleisch im Olivenöl anbraten, Zwiebeln, weiße Bohnen, Kastanien, Lorbeerblatt sowie Tomatenpüree zugeben, den Rotwein angießen, einkochen lassen, Gemüsebrühe zufügen, bei schwacher Hitze kochen, bis die Bohnen und die Kastanien weich sind. Die grünen Bohnen etwa 25 Minuten, die Kürbiswürfel 10 Minuten mitkochen. Mit Kräutersalz und Pfeffer abschmecken. Die Petersilie unterrühren. Anrichten. Mit einigen Tropfen Olivenöl beträufeln.

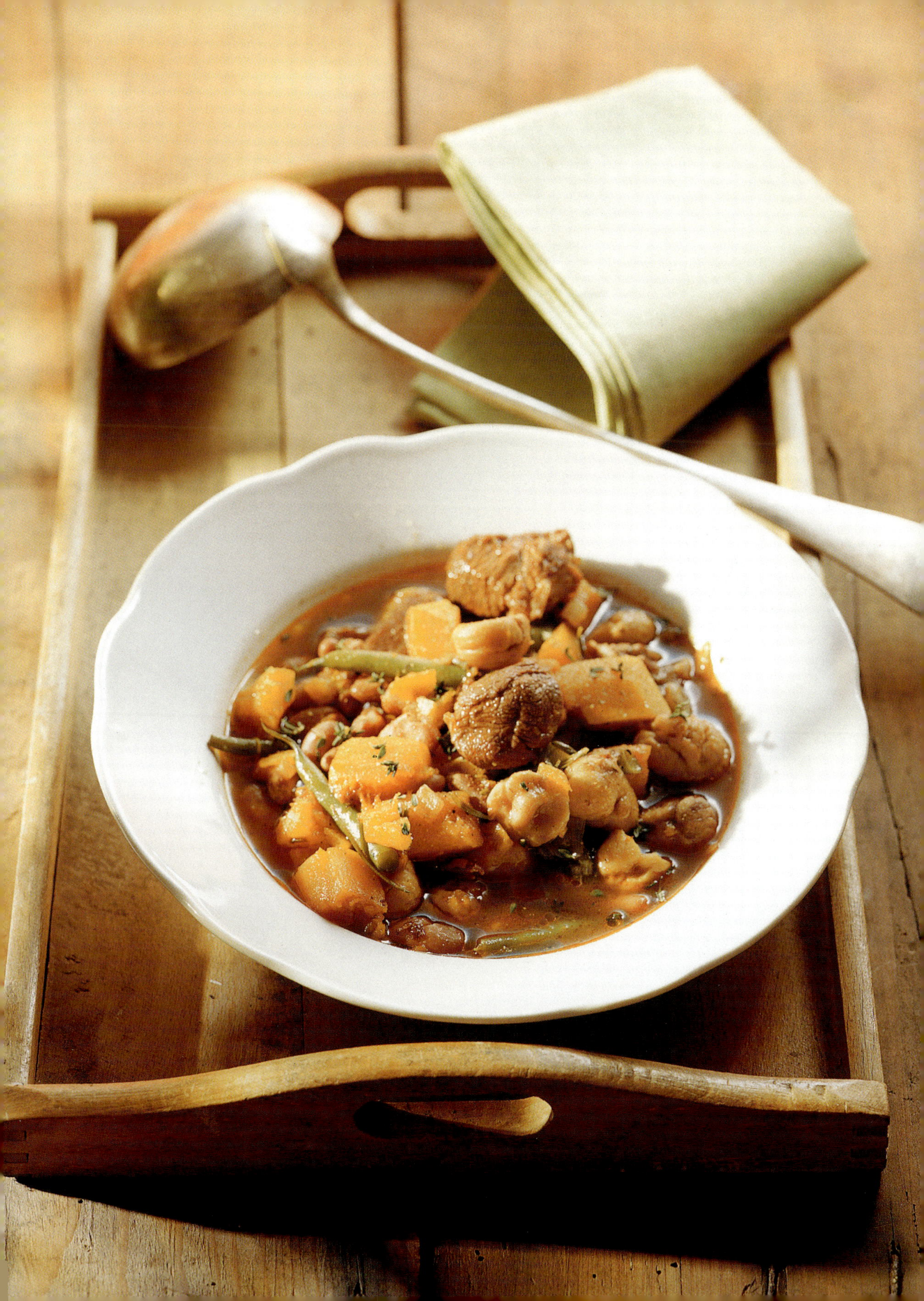

Kastanien-Gemüse-Terrine

für eine kleine Terrineform

200 g geschälte Kastanien, Seite 30 ff.
50 g Brokkoliröschen
50 g Karottenwürfelchen
50 g rote Peperoni-/Paprikaschotenwürfelchen
2 Freilandeier
125 g Vollmilchquark
50 g altbackenes Ruch- oder Vollkornbrot, fein gerieben
1 Bund Petersilie
etwas frischer Thymian
Kräutermeersalz
frisch gemahlener Pfeffer
Paprikapulver
Reibkäse nach Belieben

1
Die Kastanien im Dampf weich garen, mit einer Gabel fein zerdrücken.

2
Den Backofen auf 180 °C vorheizen.

3
Brokkoli, Karotten und Peperoni im Dampf knackig garen.

4
Kastanien, gegartes Gemüse, Eier, Quark und Brot gut vermengen. Die Kräuter fein hacken und unterrühren. Würzen. In eine eingefettete Terrineform füllen und glatt streichen.

5
Die Terrineform in einen Bräter oder in ein anderes ofenfestes Geschirr stellen. Bis auf drei Viertel Höhe mit Wasser füllen. Im Ofen bei 180 °C 60 Minuten pochieren. Nadelprobe machen. Nach Belieben mit Reibkäse bestreuen, bei 220 °C schmelzen lassen. Warm oder kalt servieren.

Tipp
Wer keine Terrineform hat, kann die Kastanienmasse auch in eingefettete Portionenförmchen füllen und im Wasserbad bei 180 °C rund 30 Minuten pochieren. Mit Salat, Gemüse und einer pikanten Sauce servieren.

Kastanienpuffer mit Linsen und Steinpilzen

für 3–4 Personen (12 Puffer)

1 EL Olivenöl extra vergine
1 kleine Zwiebel
5 Salbeiblätter
1 Bund Petersilie
einige Rosmarinnadeln
100 g Steinpilze oder
Champignons
30 g feine Speckstreifen,
nach Belieben
150 g gekochte Kastanien,
Seite 30 ff.
80 g gekochte Linsen
2 Freilandeier
Kräutermeersalz
frisch gemahlener Pfeffer
Olivenöl extra vergine
zum Braten

1
Die Kastanien mit einer Gabel fein zerdrücken. Die Zwiebel schälen und fein hacken. Die Kräuter und die geputzten Pilze ebenfalls hacken.

2
Zwiebeln, Kräuter, Pilze und Speck im Olivenöl andünsten. Abkühlen lassen. Kastanien, Linsen und Eier zugeben, vermengen. Würzen.

3
In einer Bratpfanne wenig Olivenöl erhitzen. Kastanienmasse mit einem Esslöffel portionieren, die Klöße direkt in die Pfanne geben, von beiden Seiten kurz braten, insgesamt 5 Minuten.

Nonnas Kastanien-Grießschnitten

50 g geschälte Kastaninen,
Seite 30 ff.
2½ dl/250 ml Milch
100 g Dinkelgrieß
1 Msp Vanillepulver
1 Prise Kardamompulver
1 unbehandelte Zitrone, wenig
abgeriebene Schale
1 Prise Meersalz
1 Eigelb von einem Freilandei
50 g Dinkelgrieß
Butterschmalz/Bratbutter

1
Die Kastanien im Dampf 12 Minuten garen. Pürieren.

2
Milch aufkochen, den Grieß (100 g) einrieseln, köcheln lassen, bis die Masse bindet. Die pürierten Kastanien und die Gewürze dazugeben.

3
Den Grießbrei in einer leicht eingebutterten rechteckigen Form ausstreichen, über Nacht kühl stellen.

4
Die Grießmasse in Stücke schneiden, zuerst im Eigelb, dann im Grieß wenden. In der Bratbutter bei mäßiger Hitze beidseitig braten.

Tipp
Mit einer Vanille- oder Fruchtsauce servieren.

Kastanien-Lamm-Burger

400 g gehacktes Lamm- oder Wildfleisch
1 kleine Zwiebel
1 Knoblauchzehe
Majoran, Thymian und einige Rosmarinnadeln, fein gehackt
2 verquirlte Freilandeier
½ unbehandelte Zitrone, abgeriebene Schale
200 g gekochte Kastanien aus dem Glas oder
200 g tiefgekühlte Kastanien
Paprikapulver
Kräutermeersalz
frisch gemahlener Pfeffer

Olivenöl extra vergine

1
Gefrorene Kastanien in wenig Gemüsebrühe 10 Minuten garen, Kochflüssigkeit abgießen, die Früchte grob hacken. Kastanien aus dem Glas ebenfalls grob hacken. Die Zwiebel und die Knoblauchzehe schälen und fein hacken.

2
Sämtliche Zutaten gut vermengen, mit Paprika, Kräutersalz und Pfeffer würzen.

3
Aus der Masse Burger formen, im Olivenöl beidseitig je 5 Minuten braten.

BILD

Knödel mit Kastanienfüllung

für 10–12 Knödel

1 kg mehlig kochende Kartoffeln
2 Eigelbe von Freilandeiern
2 EL Vollkornmehl
Meersalz
geriebene Muskatnuss
10–12 gekochte Kastanien, Seite 30 ff.

1
Die Kartoffeln schälen und würfeln, im Dampf weich garen. Noch heiß durch das Passevite drehen. Das Eigelb und das Mehl unterrühren. Es soll eine weiche, formbare Masse entstehen. Mit Salz und Muskatnuss würzen.

2
Aus der noch warmen Kartoffelmasse von Hand 4 bis 5 cm große Kugeln formen, eine Vertiefung drücken und diese mit einer Kastanie füllen, wieder rund formen.

3
In großem Kochtopf reichlich Salzwasser aufkochen. Die Knödel hineingeben, bei schwacher Hitze 10 Minuten ziehen lassen. Mit einem Schaumlöffel herausnehmen.

Tipp
Als Beilage servieren.

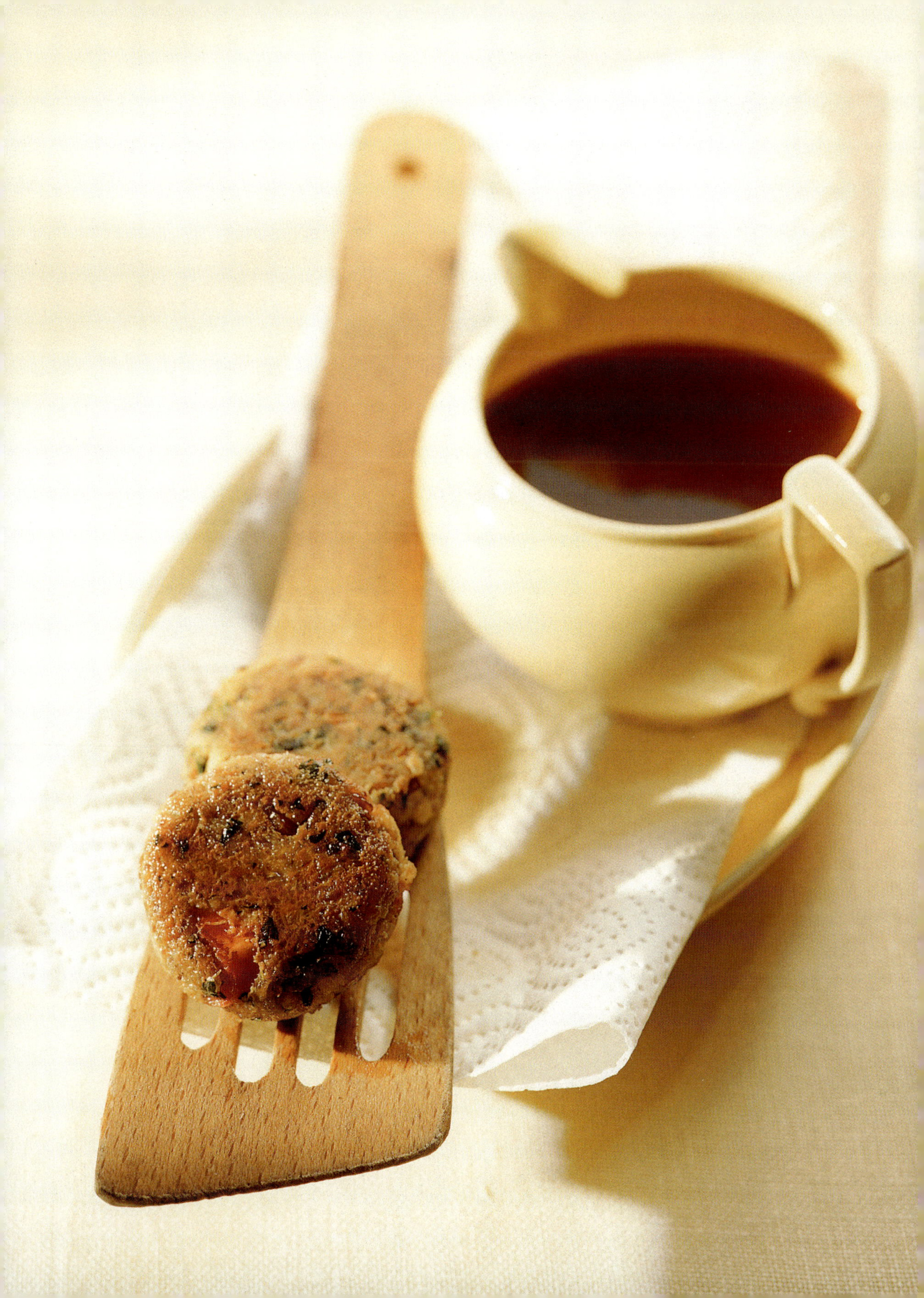

Kastaniensoufflé mit Zwiebeln und Rosmarin

für 4–6 Souffléförmchen

1 EL Olivenöl extra vergine
1 mittelgroße Zwiebel
1 Zweiglein Rosmarin
**250 g gekochte Kastanien,
Seite 30 ff.**
100 g Butter
3 Freilandeier
2 EL geriebener Gruyère
Meersalz
frisch gemahlener Pfeffer
**1 unbehandelte Zitrone,
abgeriebene Schale**
Butter für die Förmchen

1
Die Zwiebel schälen und fein hacken. Rosmarinnadeln abstreifen und fein hacken. Die Kastanien in der Moulinette fein pürieren oder durch ein Passevite drehen.

2
Die Zwiebeln mit dem Rosmarin im Olivenöl kurz dünsten, das Kastanienpüree zugeben, gut vermengen.

3
Den Backofen auf 180 °C vorheizen. Die Souffléförmchen gut einfetten.

4
Die Eier trennen. Die Eigelbe mit der Butter luftig aufschlagen. Die Kastanienmasse und den Käse unterrühren, mit Salz, Pfeffer und Zitronenschale würzen.

5
Eiweiß zu steifem Schnee schlagen, unter die Kastanienmasse heben. In die eingebutterten Förmchen füllen.

6
Die Förmchen in einen Bräter oder in eine große Gratinform stellen. Bis auf zwei Drittel Förmchenhöhe mit Wasser füllen. Soufflés im Backofen bei 180 °C auf mittlerem Einschub rund 45 Minuten pochieren. Nadelprobe machen.

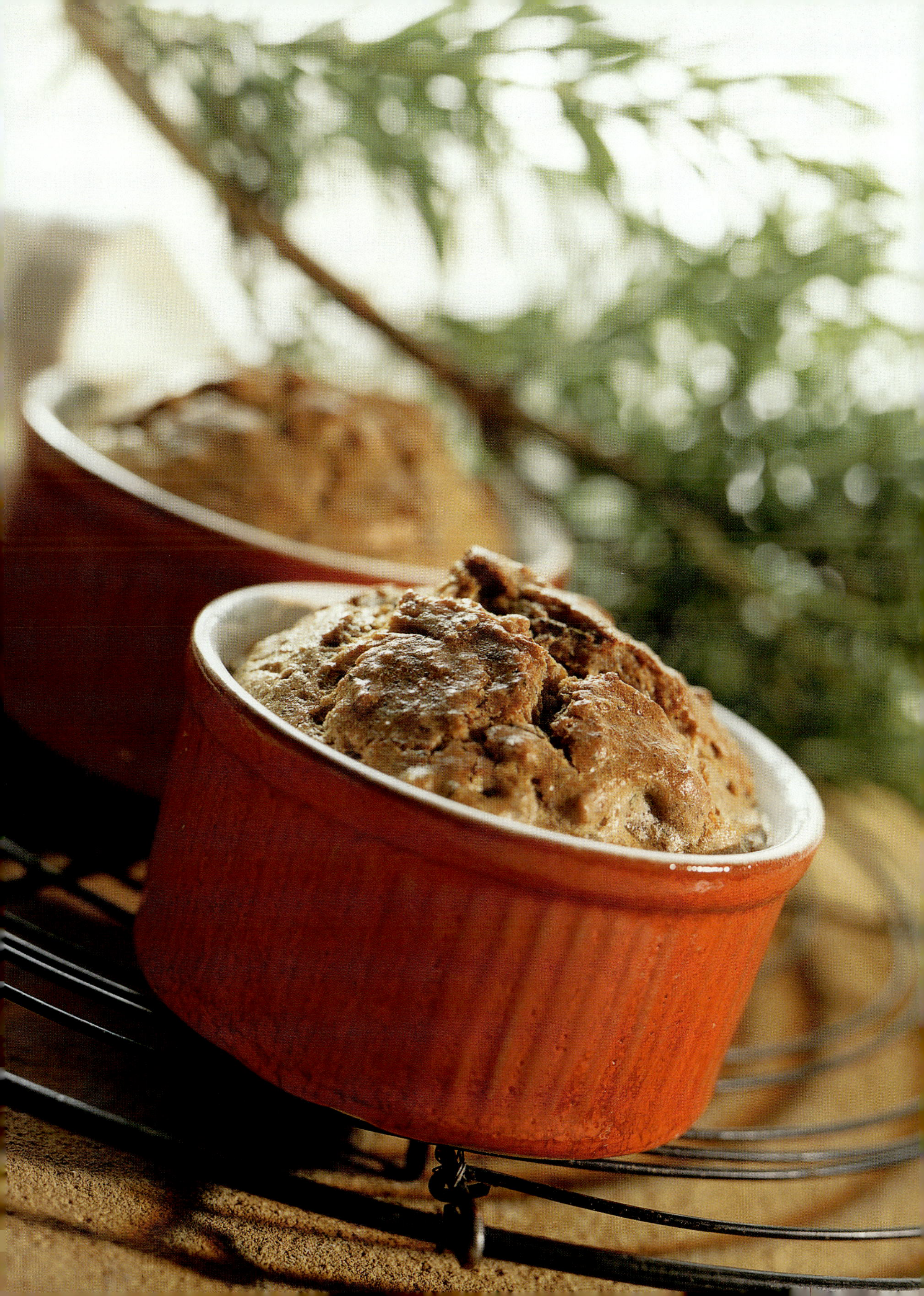

September und Oktober

Marroni-Shake	82
Kastanieneis Alfredo	82
Marroni-Schoko-Traum mit Orangenfilets	84
Kastanienblinis mit Beeren	86
Ananassalat mit Kastanienkrokant	87
Kastanien-Bananen-Creme	88
Kastanienpüree (Vermicelles) – Grundrezept	88
Birne mit Kastanienmousse	90
Schnelle Kastanien-Quark-Creme	90
Kastanienpancakes mit Erdbeer-Kumquat-Salat	92
Bratapfel mit Kastanien-Nuss-Füllung	93
Tessiner Kastanien-Schoko-Mousse	94
Zweifarbiges Kastanienmousse	96
Aperitif à l'ardèchoise	96
Kastanienparfait mit Erdbeeren	97
Tessiner Kastanienpralinen	98
Kastanientrüffel mit Amaretti	100
Kastanienflocken mit Beeren	100

Desserts

Marroni-Shake

für 1 Person

1 Kugel Vanilleeis
4 gekochte Kastanien
aus dem Glas oder
1 EL Kastanienkonfitüre oder
1 EL gesüßtes Bio-Kastanien-
püree
2 dl/200 ml Kuh- oder Reismilch

1
Vanilleeis, Kastanien und Milch kräftig mixen.
2
Marroni-Shake in ein hohes Glas füllen. Mit einem Trinkhalm genießen.

BILD

Kastanieneis Alfredo

350 g Kastanienkonfitüre
oder 350 g gesüßtes
Bio-Kastanienpüree
250 g Vollmilchjoghurt
2½ dl/250 ml Milch
70 g Rohrohrzucker

1
250 g Kastanienkonfitüre oder Kastanienpüree, Joghurt, Milch und Zucker mit dem Schneebesen gut verrühren. Die Masse in eine Eismaschine (Sorbetière) füllen und gefrieren lassen. Je nach Gerät dauert das 20 bis 30 Minuten.
2
Restliche Konfitüre/restliches Püree von Hand sorgfältig unterziehen; nicht ganz verrühren, das Marmormuster soll erhalten bleiben. Mit einem Esslöffel portionieren.

Variante
Das Kastanieneis in eine Tiefkühldose füllen und im Tiefkühler gefrieren lassen.

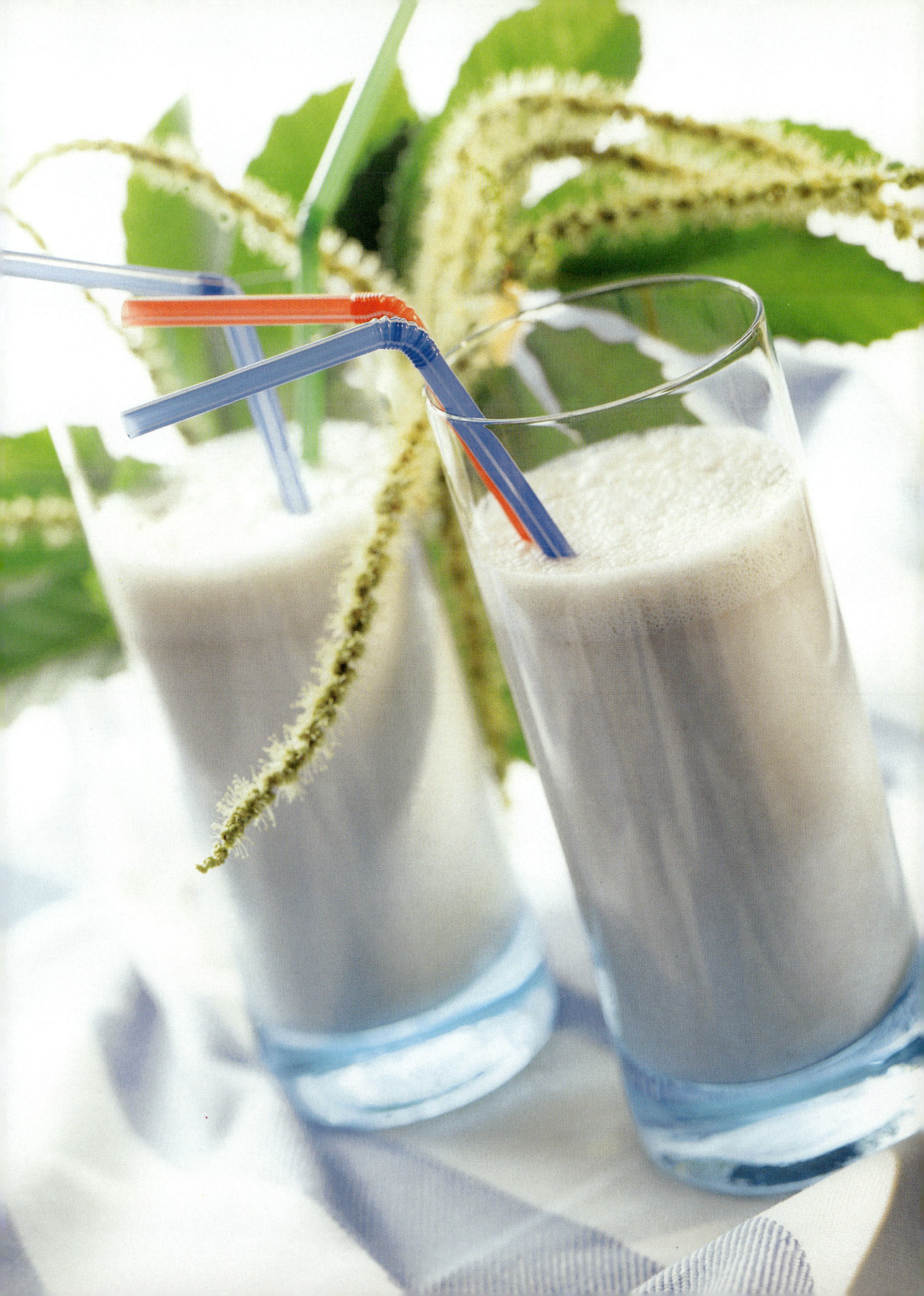

Marroni-Schoko-Traum mit Orangenfilets

100 g Zartbitter-Schokolade (dunkle Schokolade)
1–2 EL Wasser
300 g Vollmilchquark
200 g gesüßtes Bio-Kastanienpüree
1 unbehandelte Orange, abgeriebene Schale

unbehandelte Blondorangen

1
Die Schokolade zerbröckeln, zusammen mit dem Wasser in ein kleines Gefäß geben, in einer Pfanne über dem kochenden Wasser unter ständigem Rühren schmelzen.

2
Flüssige Schokolade, Quark und Kastanienpüree glatt rühren, Orangenschalen unterrühren.

3
Marroni-Schoko-Creme in Dessertschalen oder -gläser füllen. Mindestens 30 Minuten kühl stellen.

4
Die Orangen samt Schale in dünne Fruchtfilets schneiden, entkernen. Die Creme mit den Fruchtfilets garnieren.

Tipp
Bei Verwendung von ungesüßtem Püree die Creme mit Kastanienhonig süßen (etwa 2 Esslöffel). Ergibt eine sehr aromatische Creme.

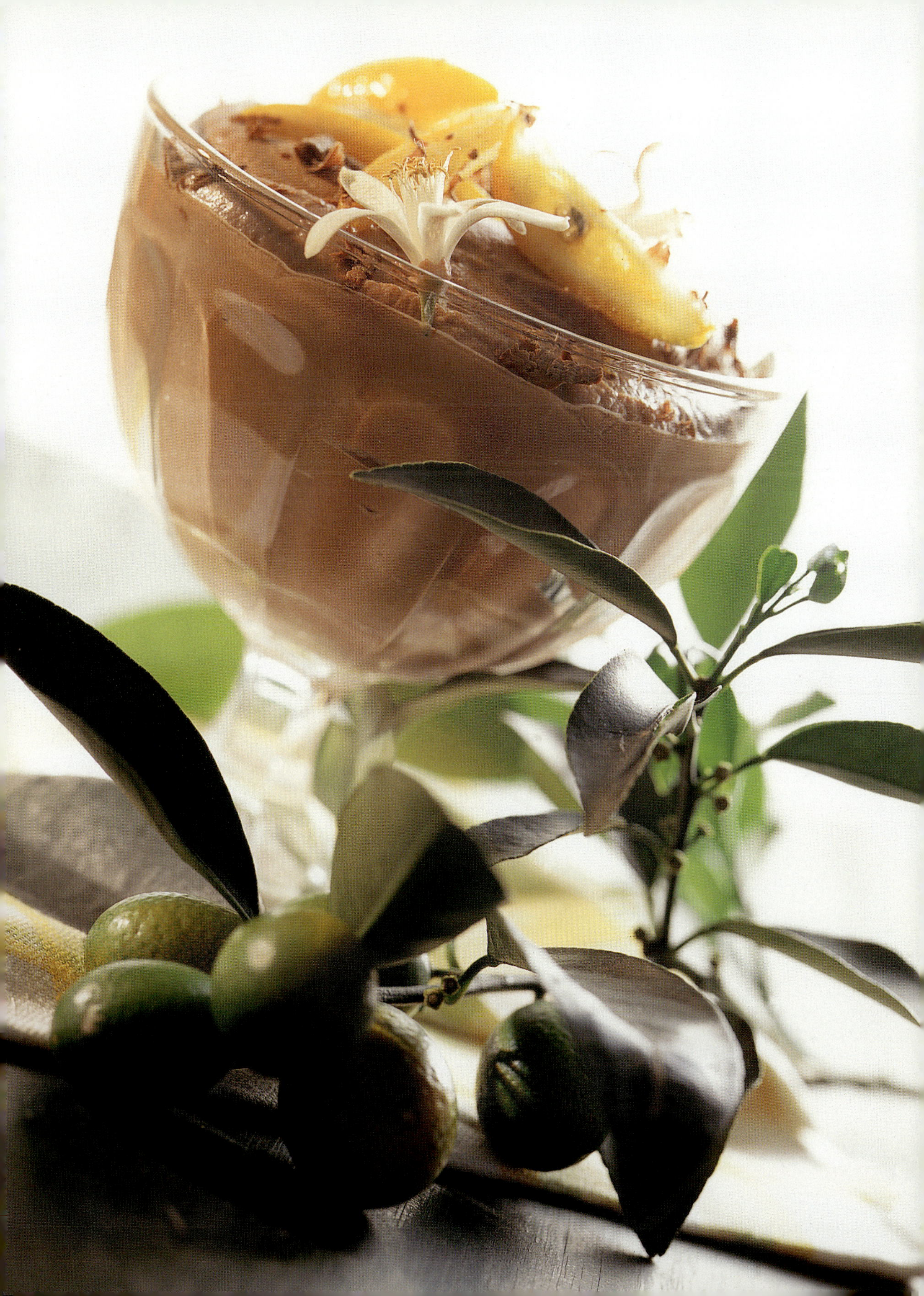

Kastanienblinis mit Beeren

für ca. 12 Blinis

**100 g Kastanienmehl
(aus luftgetrockneten
Kastanien)
2 Freilandeier
1 EL Rohrohrzucker
1 Prise Meersalz
1¼ dl/125 ml Milch
2 EL flüssige Butter
1 TL phosphatfreies
Backpulver
Bratbutter/Butterschmalz**

**1 Becher (2 dl/200 ml)
Rahm/Sahne
300–400 g Beeren
Rohrohrzucker oder
Ahornsirup**

1
Sämtliche Zutaten für die Blinis in eine Schüssel geben und glatt rühren. 30 Minuten quellen lassen.

2
In einer nicht klebenden Bratpfanne wenig Bratbutter zerlassen und für jedes Blini einen Schöpflöffel Teig in die Pfanne geben, beidseitig backen, je 2 bis 3 Minuten. Warm stellen. Immer wieder Bratbutter in die Pfanne geben.

3
Den Rahm steif schlagen.

4
Blinis auf Teller legen. Den Rahm und die Beeren darauf verteilen. Mit wenig Rohrohrzucker bestreuen oder wenig Ahornsirup darüberträufeln. Mit Zitronenmelisse garnieren.

Ananassalat mit Kastanienkrokant

1 reife Ananas
3–4 EL Kastanienlikör oder
Amaretto
1 TL Vanillepulver

Krokant
120 g geschälte Kastanien,
Seite 30 ff.
1 EL Kokosnussflocken
2 EL Rohrohrzucker
2 EL flüssige Butter
1 Prise Ingwerpulver

1 Becher (2 dl/200 ml)
Rahm/Sahne
1 Prise Vanillepulver
Pfefferminz- oder Melisse-
blättchen für die Garnitur

1
Der Ananas oben und unten einen Deckel abschneiden. Die Frucht schälen, indem man am Fruchtfleisch entlangschneidet. Die braunen Noppen mit einem spitzen Messer ausstechen. Die Ananas in Scheiben schneiden, den harten Mittelteil entfernen. Die Fruchtscheiben würfeln. Mit dem Kastanienlikör und dem Vanillepulver marinieren.

2
Den Backofen auf 220 °C vorheizen.

3
Die Kastanien im Dampf etwa 10 Minuten garen. Auskühlen lassen und grob hacken.

4
Zerkleinerte Kastanien, Kokosnussflocken, Zucker, Butter und Ingwer mischen. Die Masse in einer Gratinform ausstreichen, im Ofen während 10 Minuten bei 220 °C zu knusprigem Krokant backen. Erkalten lassen, dann zerstoßen.

5
Den Rahm zusammen mit dem Vanillepulver steif schlagen.

6
Ananassalat in Dessertgläser oder Dessertschalen füllen. Krokant darüberstreuen. Mit dem Rahm und den Pfefferminzblättchen garnieren.

Kastanien-Bananen-Creme

200 g ungesüßtes Bio-Kastanienpüree
1–2 kleine Bananen
2–4 EL Vollmilchquark
1 Msp Vanillepulver
½ Orange, Saft
1 Becher (2 dl/200 ml) Rahm/Sahne

Heidelbeeren oder Himbeeren für die Garnitur
Kastanienlikör nach Belieben

1
Kastanienpüree, zerkleinerte Bananen, Quark, Vanillepulver und Orangensaft fein pürieren. Den Rahm steif schlagen und unterziehen.

2
Kastanien-Bananen-Creme in Dessertschalen füllen, mit Früchten garnieren. Nach Belieben mit Kastanienlikör beträufeln. Mit frischen Früchten bestreuen, nach Belieben mit Kastanienlikör beträufeln.

BILD

Kastanienpüree (Vermicelles) – Grundrezept

geschälte Kastanien, Seite 30 ff.
Milch
feiner Rohrohrzucker (Syramena)
Vanillepulver

1
Die Kastanien im Dampf oder in wenig Wasser sehr weich garen, das Wasser abgießen.

2
Vorgekochte Kastanien mit der Milch (die Früchte sollen bedeckt sein) bei schwacher Hitze unter häufigem Rühren so lange kochen, bis die Früchte zerfallen. Vorsicht: die Kastanien brennen rasch an! Restliche Milch abgießen. Den Zucker und das Vanillepulver zugeben, pürieren. Das Püree erkalten lassen.

Zum Rezept
Dieses Püree ist im Gegensatz zu gekauftem Püree nur kurz haltbar, weil Milch verwendet wird. Weil die Herstellung der Vermicellemasse zudem ziemlich arbeitsintensiv ist, empfehle ich Ihnen, ein gutes Fertigprodukt zu verwenden (Bezugsquellen Seite 122 f.).

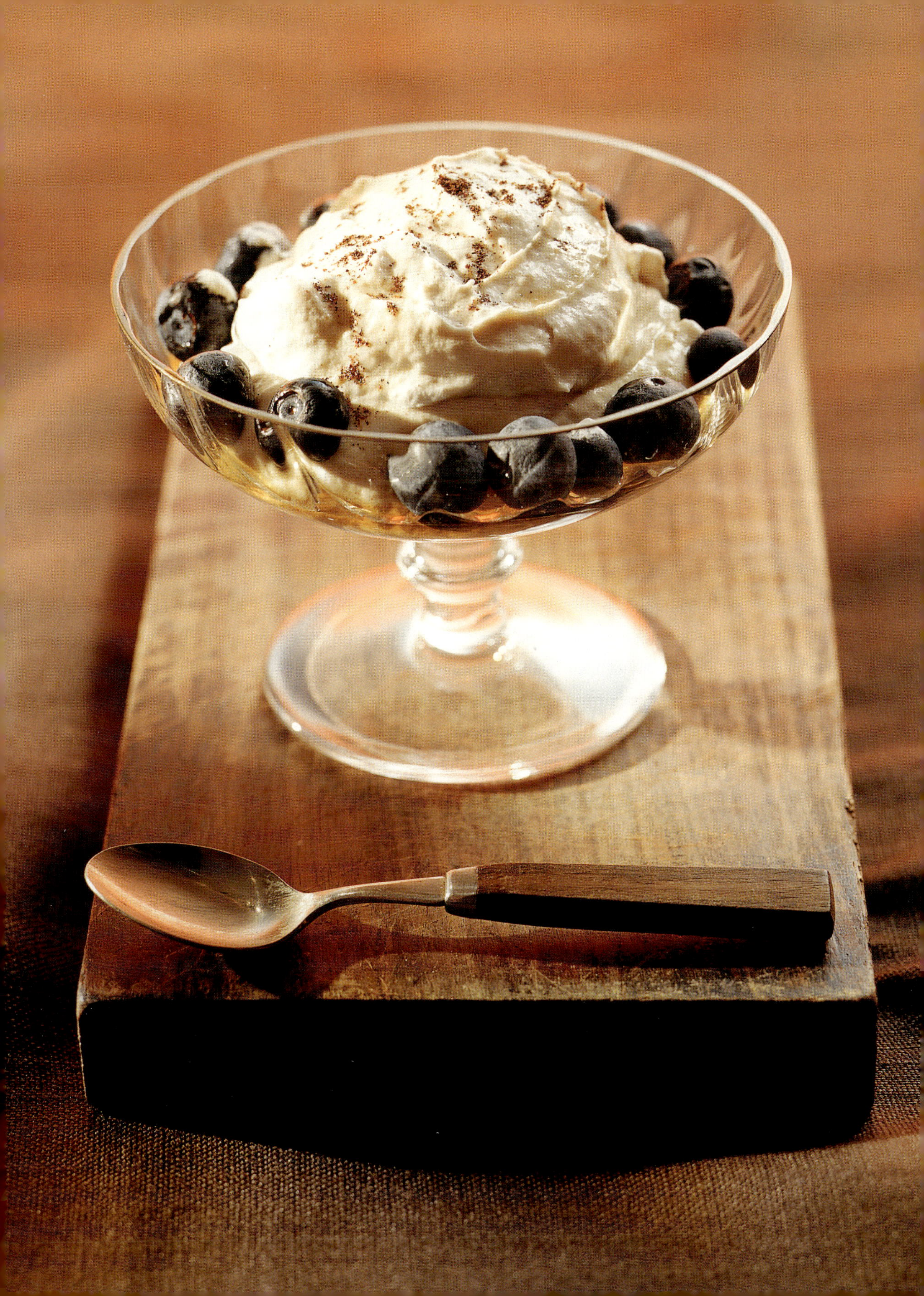

Birne mit Kastanienmousse

für 6–8 Personen

3–4 große, reife Williams Birnen

150 g Mascarpone
200 g gesüßtes
Bio-Kastanienpüree
100 g Zartbitter-Schokolade
(dunkle Schokolade)
1 EL Kastanienlikör
nach Belieben
1 Prise Vanillepulver
2½ dl/250 g Rahm/Sahne

Schokoladenspäne

1
Die Schokolade zerbröckeln, in der Moulinette oder im Mixerglas fein hacken. Den Rahm steif schlagen.

2
Mascarpone, Kastanienpüree, Likör und Vanillepulver miteinander verrühren. Die zerbröckelte Schokolade und den Rahm unterrühren. Die Mousse mindestens 2 Stunden kühl stellen.

3
Birnen schälen, halbieren, das Kerngehäuse entfernen, im Dampf nicht zu weich garen. Abkühlen lassen.

4
Die Birnenhälften auf Tellern anrichten. Von der Mousse mit einem Eisportionierer (immer wieder in heißes Wasser tauchen) Kugeln abstechen, auf die Birnen setzen. Mit den Schokospänen garnieren.

Tipp
Das Mousse kann auch tiefgekühlt werden.

BILD

Schnelle Kastanien-Quark-Creme

100 g gesüßtes
Bio-Kastanienpüree
1 Eigelb von einem Freilandei
150 g Vollmilchquark
½ TL Zimt- oder Vanillepulver
1 dl/100 ml Rahm/Sahne

Früchte nach Belieben

1
Kastanienpüree, Eigelb und Quark glatt rühren. Mit dem Zimt- oder Vanillepulver aromatisieren. Den Rahm steif schlagen und unterziehen. In Gläser füllen, kühl stellen.

2
Die Kastaniencreme mit Früchten garnieren.

Variante
Wenn ungesüßtes Kastanienpüree verwendet wird, die Creme mit geschmacksneutralem Honig, z. B. 1 bis 2 Esslöffeln Akazienhonig, süßen.

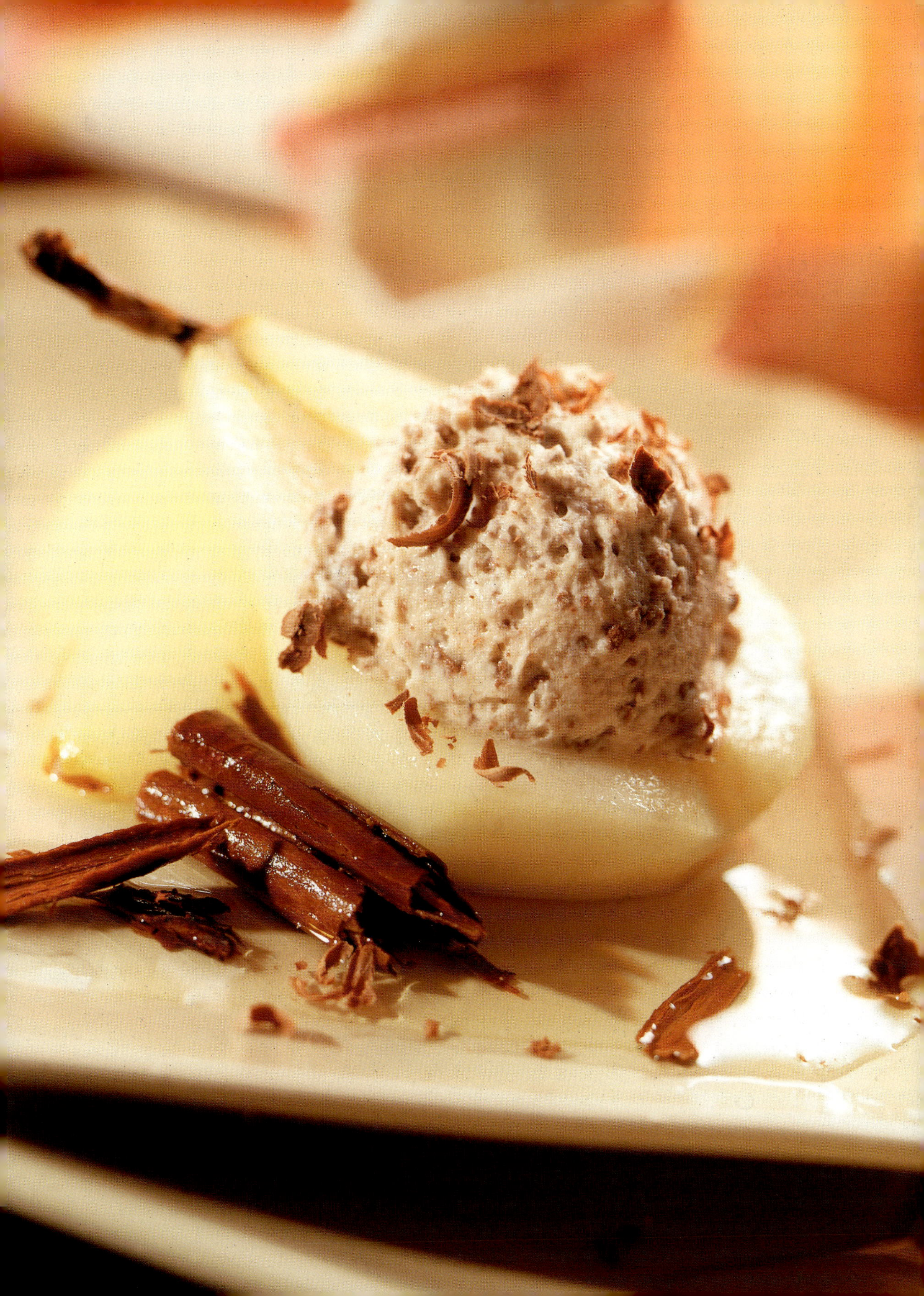

Kastanienpancakes mit Erdbeer-Kumquat-Salat

für 8–10 Pancakes

**100 g Kastanienmehl
(aus luftgetrockneten
Kastanien)
1 TL phosphatfreies
Backpulver
1 Freilandei
1 EL Rohrohrzucker oder
flüssiger Honig
¾ dl/75 ml Milch
1 Prise Meersalz
1 EL flüssige Butter
Olivenöl extra vergine
zum Backen**

Erdbeer-Kumquat-Salat
**1 EL Ahornsirup
je 1 unbehandelte Zitrone und
Orange, wenig abgeriebene
Schale
300 g Erdbeeren
100 g Kumquats
einige Blätter Zitronenverveine**

1
Für den Teig sämtliche Zutaten in eine Schüssel geben und glatt rühren. 30 Minuten quellen lassen.

2
Ahornsirup und Zitrusfruchtschalen verrühren. Erdbeeren je nach Größe halbieren oder vierteln. Kumquats beidseitig kappen, samt Schale in feine Scheiben schneiden. Die Früchte mit der Marinade vermengen, rund 30 Minuten marinieren. Kurz vor dem Servieren die in Streifchen geschnittenen Zitronenverveineblättchen untermischen.

3
In einer nicht klebenden Bratpfanne wenig Olivenöl erhitzen. Teig esslöffelweise in die Bratpfanne geben, Pancakes beidseitig rund 2 Minuten backen.

4
Die Pancakes zusammen mit dem Fruchtsalat auf Tellern anrichten.

Bratapfel mit Kastanien-Nuss-Füllung

4–5 Äpfel, Boskop oder Maigold

Füllung
200 g gesüßtes Bio-Kastanienpüree
50 g geriebene Baum-/Walnüsse
2 EL grob gehackte Baum-/Walnüsse
3 EL Crème fraîche
1 Eigelb von einem Freilandei
Zimtpulver
1 unbehandelte Orange, abgeriebene Schale

Butter
Rohrohrzucker
gehackte Baumnüsse

1
Den Backofen auf 200 °C vorheizen.
2
Die Zutaten für die Füllung vermengen, mit Zimtpulver und Orangenschalen abschmecken.
3
Die Äpfel quer halbieren und das Kerngehäuse mit dem Kugelausstecher entfernen.
4
Das Kastanienpüree in die Apfelhälften füllen und diese in eine eingebutterte Gratinform stellen. Mit Butterflocken, Zucker und gehackten Baumnüssen bestreuen.
5
Äpfel im Backofen bei 200 °C 20 bis 25 Minuten backen.

Tessiner Kastanien-Schoko-Mousse

100 g Zartbitter-Schokolade (dunkle Schokolade)
1–2 EL Wasser
400 g gesüßtes Bio-Kastanienpüree
200 g Mascarpone
6 EL Kastanienlikör oder Amaretto
½ TL Vanillepulver

4 Orangen
Kastanienlikör

1
Die Schokolade zerbröckeln, mit dem Wasser in ein kleines Gefäß geben, in einer Pfanne über dem kochenden Wasser unter ständigem Rühren schmelzen.

2
Schokolade, Kastanienpüree und Mascarpone glatt rühren, mit Kastanienlikör und Vanillepulver aromatisieren.

3
Die Kastanienmasse in eine Tiefkühldose füllen, im Tiefkühler fest werden lassen.

4
Für die Garnitur zwei Orangen dünnschalig abschälen (ohne weiße Häutchen), Schalen in Streifchen schneiden. Die Orangen großzügig schälen und die Fruchtfilets vorsichtig aus den Trennhäutchen lösen und entkernen.

5
Von der Mousse mit einem Eisportionierer (immer wieder in heißes Wasser tauchen) Kugeln abstechen, mit den Orangenfilets auf Tellern anrichten, mit Kastanienlikör beträufeln und den Orangenschalenstreifchen garnieren.

Variante
Bei Verwendung von ungesüßtem Kastanienpüree etwa 80 g feinen Rohrohrzucker unter die Masse rühren.

Zum Rezept
Die Mousse wurde von einem Tessiner Restaurateur kreiert. Sie muss nicht unbedingt gefroren werden. Man kann wenig Schlagrahm unterziehen und die Creme mit einem Esslöffel portionieren.

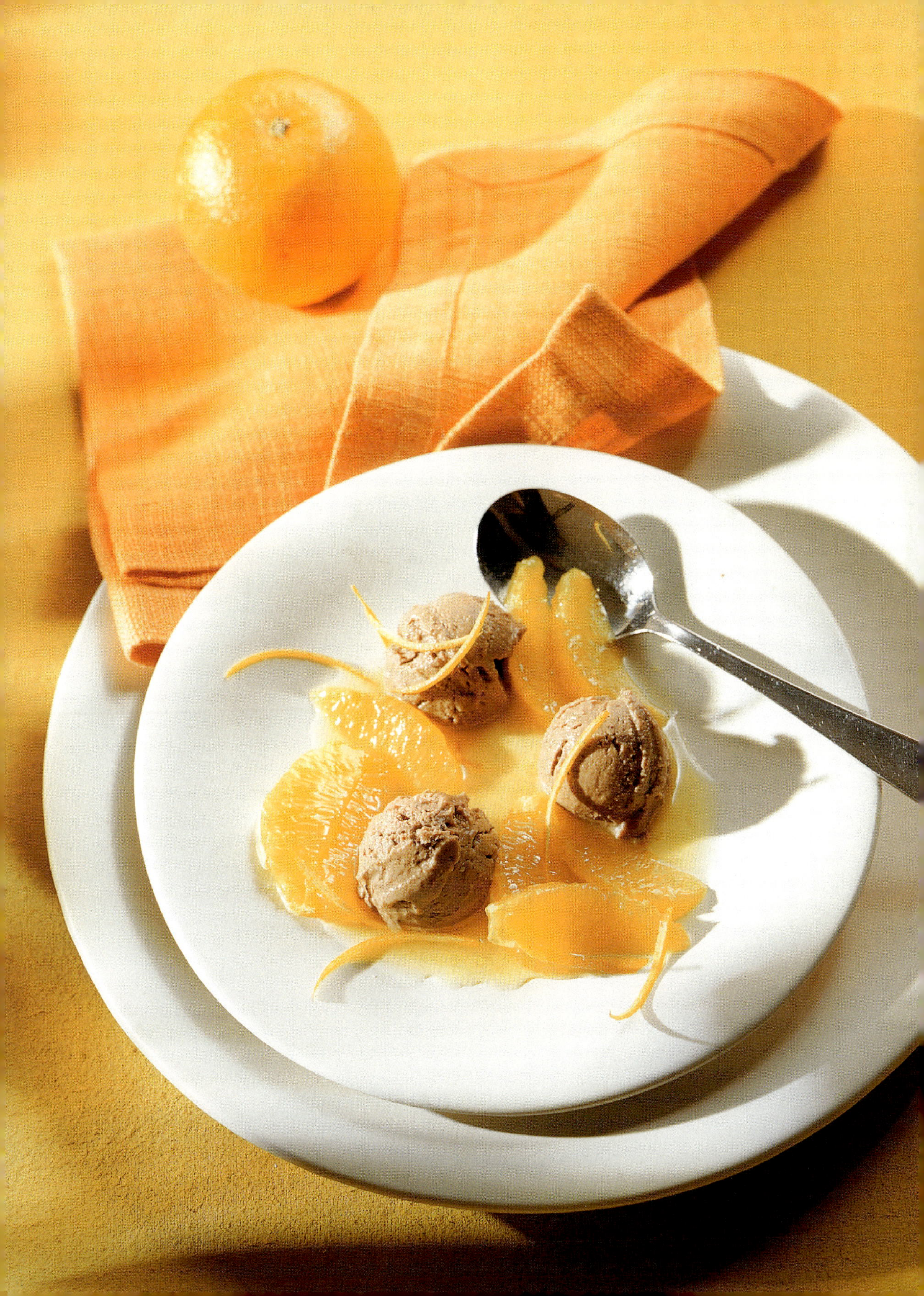

Zweifarbiges Kastanienmousse

für 6–8 Personen

100 g Zartbitter-Schokolade (dunkle Schokolade)
1–2 EL Wasser
400 g ungesüßtes Bio-Kastanienpüree
200 g Puderzucker aus Rohrohrzucker (Reformhaus)
100 g weiche Butter
100 g Crème fraîche
100 g geriebene Mandeln
1 EL Kirsch

1
Schokolade zerbröckeln, mit dem Wasser in ein kleines Gefäß geben, in einer Pfanne über dem kochenden Wasser schmelzen.

2
Schokolade, Kastanienpüree sowie 100 g Puderzucker und weiche Butter in einer nicht zu kleinen Schüssel glatt rühren. 15 Minuten kühl stellen.

3
Crème fraîche, Mandeln und restlichen Puderzucker glatt rühren. Den Kirsch unter ständigem Rühren langsam zufügen. Die Masse darf nicht dünnflüssig werden!

4
Die Mandelmasse zur Kastanienmasse geben, mit einem Spatel einige Male kreuzweise durchziehen, ohne die beiden Massen ganz zu vermischen (Marmormuster). Die Creme etwas zusammendrücken und glatt streichen. 12 Stunden kühl stellen.

5
Aus der Mousse mit einem Esslöffel Klößchen abstechen, auf Tellern anrichten. Den Löffel immer wieder in kaltes Wasser tauchen. Mit Früchten garnieren.

Aperitif à l'ardèchoise

1 Teil Kastanienlikör
9 Teile gut gekühlter trockener Weißwein

1
Kastanienlikör und Weißwein gut miteinander verquirlen.

2
Den Aperitif in Champagnerschalen oder Weißweingläsern servieren.

Kastanienparfait mit Erdbeeren

2–3 Eigelbe von Freilandeiern
2 EL Akazienhonig
200 g ungesüßtes
Bio-Kastanienpüree
3 dl/300 ml Rahm/Sahne
1 Msp Vanillepulver

1 EL Kastanienlikör oder
Amaretto
Früchte für die Garnitur
Zitronenmelisse
nach Belieben
Schlagrahm/Schlagsahne
nach Belieben

1
Eigelbe und Honig in der Küchenmaschine mindestens 10 Minuten cremig aufschlagen. Oder von Hand mit dem Schneebesen 15 Minuten aufschlagen. Das Kastanienpüree unterrühren.

2
Den Rahm mit dem Vanillepulver steif schlagen, unter die Kastanienmasse ziehen.

3
Die Parfaitmasse in Portionenförmchen füllen, im Tiefkühler fest werden lassen.

4
Das Parfait 10 Minuten vor dem Servieren in den Kühlschrank stellen. Die Förmchen in heißes Wasser tauchen, den Rand mit einem Messer lösen, Köpfchen stürzen. Mit Kastanienlikör beträufeln. Mit Beeren umgeben und nach Belieben mit Schlagrahm und Zitronenmelisse garnieren.

Variante
Das Kastanienpüree durch Kastanien aus dem Glas ersetzen, pürieren. Oder tiefgekühlte Kastanien im Dampf weich garen, pürieren.

Tessiner Kastanienpralinen

für ca. 25 Pralinen

30 g Rosinen
2–3 EL Kastanienlikör oder
Amaretto
100 g gekochte Kastanien
aus dem Glas, Seite 30 ff.
50 g Pinienkerne
50 g Mandeln oder
Baumnüsse/Walnüsse
30 g Kokosnussflocken
30 g Zartbitter-Schokolade
(dunkle Schokolade)
¼ TL Vanillepulver
ca. 1 EL Kastanien- oder
Akazienhonig
Kakaopulver oder geriebene
Schokolade zum Wenden

Pralinenförmchen

1
Die Rosinen im Likör einige Stunden marinieren.

2
Rosinen, Kastanien, Pinienkerne, Mandeln, Kokosnussflocken und Schokolade in der Moulinette oder im Mixerglas zu einer feinen Masse verarbeiten. Vanillepulver und Honig unterrühren.

3
Aus der Pralinenmasse von Hand kleine Kugeln formen, im Kakaopulver oder in den Schokospänen wenden, in die Pralinenförmchen setzen.

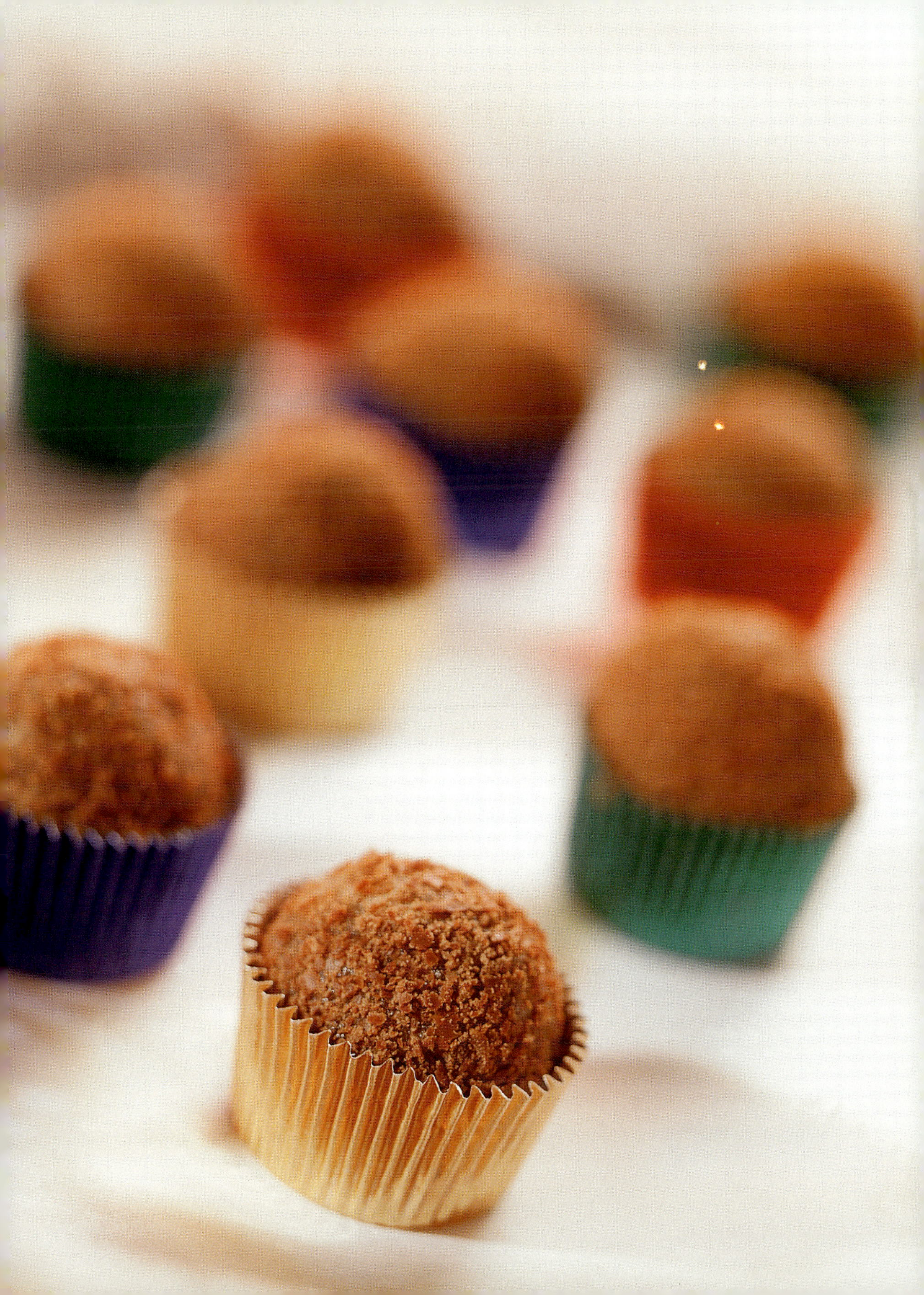

Kastanientrüffel mit Amaretti

für 24 Trüffel

**200 g gesüßtes
Bio-Kastanienpüree
50 g Zartbitter-Schokolade
(dunkle Schokolade),
fein gehackt
2 EL Kakaopulver, evtl. gemischt
mit geriebener Zartbitter-
Schokolade
ca. 60 g zerdrückte Amaretti
2 EL Kastanien- oder
Orangenlikör (Grand Marnier)
1 unbehandelte Orange,
wenig abgeriebene Schale**

**geriebene Schokolade zum
Wenden oder Kakaopulver**

Pralinenförmchen

Sämtliche Zutaten für die Trüffel gut mischen, kleine Kugeln formen. In der geriebenen Schokolade oder im Kakaopulver wenden. Nach Belieben in Pralinenförmchen setzen.

BILD

Kastanienflocken mit Beeren

für 1 Person

**2–3 EL Kastanienflocken
150 g Beeren, z. B. Erdbeeren,
Himbeeren, Brombeeren,
Heidelbeeren, je nach Saison
1 Prise Vanillepulver
3 EL Rahm/Sahne
1 TL Ahornsirup**

1
Die Kastanienflocken in eine Portionenschale füllen. Die Beeren darauf verteilen. Vanillepulver, Rahm und Ahornsirup verrühren, über die Beeren träufeln. Sofort servieren.
Tipp
Wenn man Kastanienflocken und grobe Kokosnussraspeln im Verhältnis 1:1 mischt, erhält man eine knusprige, leicht süße Zwischenverpflegung für Kinder.

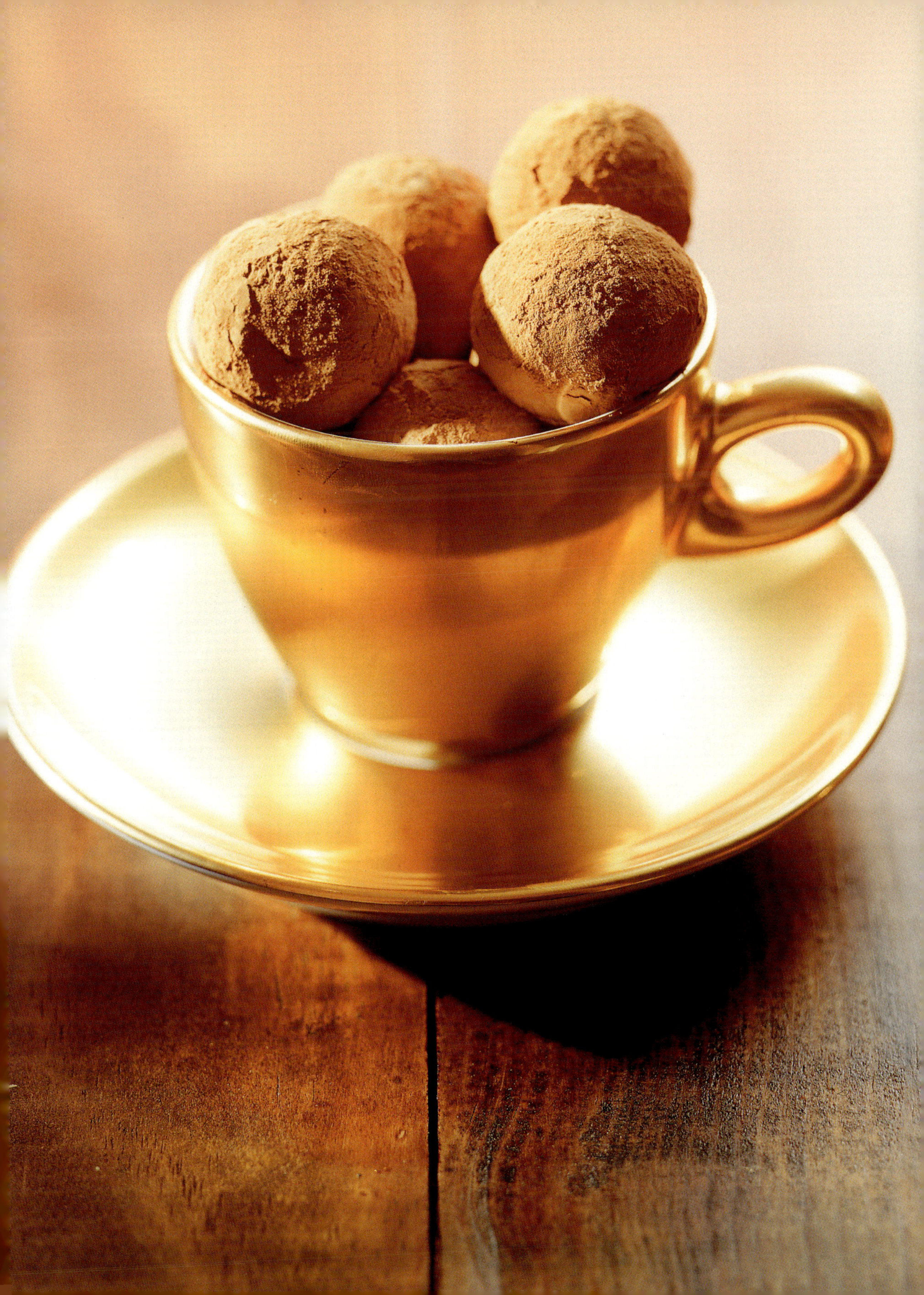

November und Dezember

Kastaniengugelhupf	104
Kastanienpie	105
Feine Kastanientorte mit Schokospänen	106
Kastanienroulade	108
Kastaniensavarin au rhum	109
Kastanien-Tiramisu	110
Kastanien-Bananen-Muffins	112
Kastanienwaffeln	112
Marronicake	113
Kastanienfocaccia mit Oliven, Sardellen und Peperoncini	114
Tourte aux truites et aux marrons – Pikanter Fisch-Kastanien-Kuchen	116
Kastanienbrot mit Pinienkernen	118

Gebäck

Kastaniengugelhupf

für eine mittelgroße
Gugelhupfform

4 Eigelbe von Freilandeiern
150 g Rohrohrzucker oder
Kastanienhonig
100 g weiche Butter oder
80 g Olivenöl extra vergine
200 g ungesüßtes
Bio-Kastanienpüree
50 g geriebene Mandeln oder
Haselnüsse

1 EL Kastanienlikör
4 Eiweiß
Puderzucker zum Bestäuben

1
Den Backofen auf 200 °C vorheizen. Die Gugelhupfform mit weicher Butter einfetten, mit Mehl ausstäuben.
2
Die Eigelbe mit dem Zucker mit dem Schneebesen luftig aufschlagen. Butter, Kastanienpüree, Mandeln und Kastanienlikör unterrühren. Das Eiweiß steif schlagen, in Portionen unter den Teig ziehen. In die vorbereitete Form füllen.
3
Gugelhupf in der Mitte in den Ofen schieben, bei 200 °C 45 Minuten backen. Aus der Form stürzen, mit feinem Puderzucker bestäuben.

Kastanienpie

für eine runde Form
von 28 cm Durchmessser
oder 8 Förmchen

**1–2 ausgerollte Mürbeteige
oder Bio-Mürbeteige**

Füllung
**3 Freilandeier
300 g gesüßtes
Bio-Kastanienpüree
2 EL Kastanienlikör
1 Orange,
abgeriebene Schale
1 Becher (2 dl/200 ml)
Rahm/Sahne
1 Prise Zimtpulver**

Puderzucker zum Bestäuben

1
Den Backofen auf 180 °C vorheizen.
2
Für die Füllung alle Zutaten gut verrühren.
3
Den Mürbeteig in die eingefettete Form legen oder 8 kleine Rondellen ausstechen und in die eingefetteten Förmchen legen, die Füllung darauf verteilen.
4
Form/Förmchen in der Mitte in den Ofen schieben, bei 180 °C 15 bis 20 Minuten backen. Nadelprobe machen.
5
Pie/Pies mit Puderzucker bestäuben.

Mürbeteig
Wenn man kleine Formen verwendet, braucht man zwei Teigrollen, bei einer großen Pie von 28 cm Durchmesser reicht eine Rolle.

Variante
Den Teigboden zuerst mit grob gehackten Baumnüssen/ Walnüssen bestreuen und die Füllung darauf verteilen.

Feine Kastanientorte mit Schokospänen

für eine Springform
von 26 cm Durchmesser

**300 g geschälte Kastanien,
Seite 30 ff.**
200 g weiche Butter
4 EL Akazienhonig
5 Eigelbe von Freilandeiern
½ TL Vanillepulver
**1 unbehandelte Orange,
abgeriebene Schale**
1 Prise Zimtpulver
5 Eiweiß
1 EL Dinkelvollkornmehl

**Schokospäne oder geriebene
Schokolade**

1
Die Kastanien im Dampf weich garen, durch das Passevite drehen und abkühlen lassen.

2
Den Backofen auf 190 °C vorheizen. Boden der Springform mit Backpapier belegen, den Rand gut einfetten.

3
Die Butter mit dem Honig luftig aufschlagen, Eigelbe nach und nach beifügen, Gewürze und Kastanienpüree unterrühren.

4
Das Eiweiß zu Schnee schlagen, mit dem Mehl unter die Kastanienmasse heben. Biskuitmasse in die Springform füllen und glatt streichen.

5
Kastanientorte im Ofen bei 190 °C auf mittlerem Einschub rund 50 Minuten backen. Nadelprobe machen. Etwas auskühlen lassen. Den Rand sorgfältig lösen und die Torte stürzen, Backpapier entfernen. Mit den Schokospänen bestreuen.

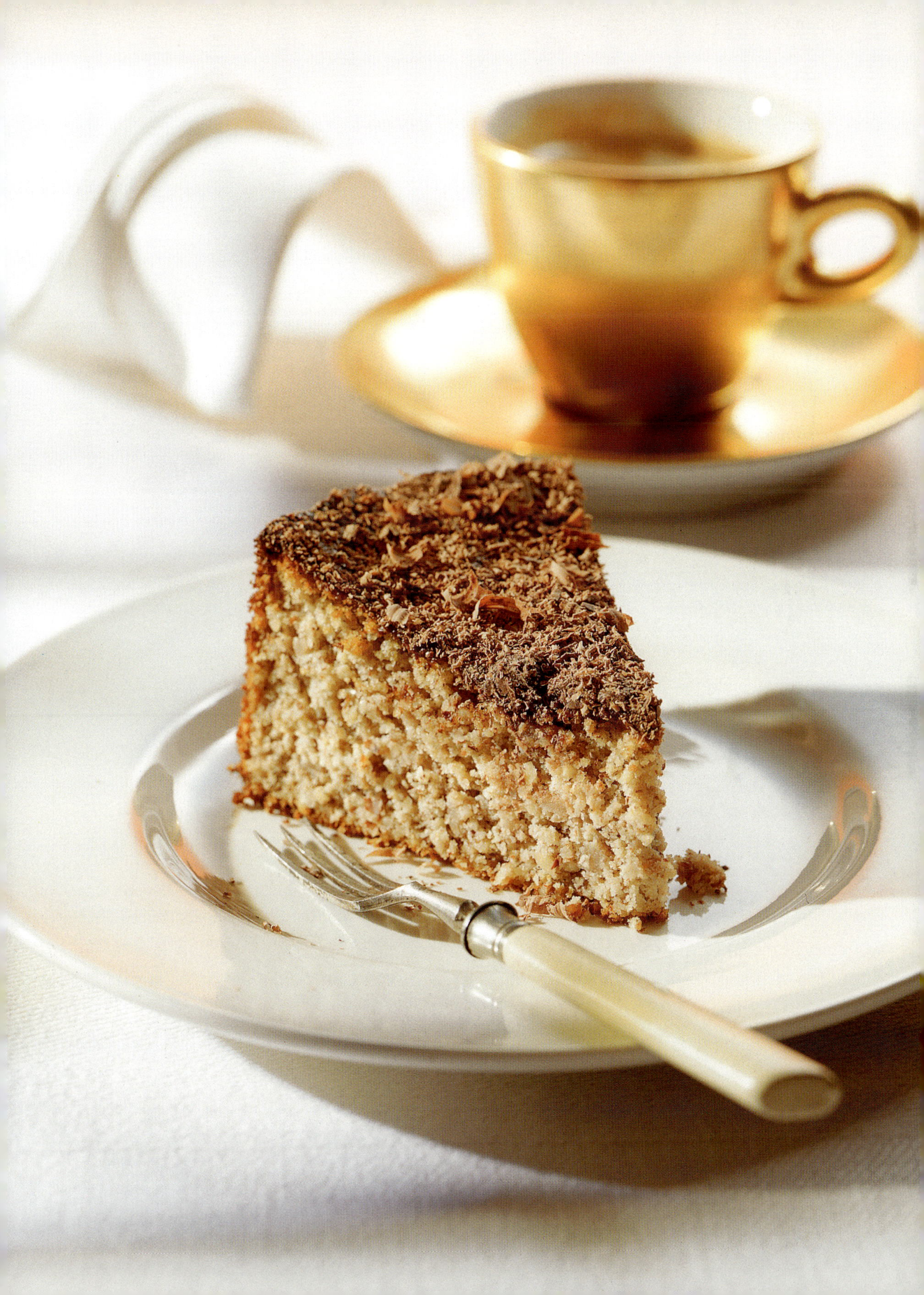

Kastanienroulade

Biskuitmasse
100 g Dinkelvollkornmehl
75 g Kastanienmehl
(aus luftgetrockneten Kastanien)
1 TL phosphatfreies Backpulver
1 Prise Vanillepulver
1 Prise Meersalz
4 Eigelbe von Freilandeiern
½ dl/50 ml lauwarmes Wasser
100 g Akazienhonig
4 Eiweiß

Füllung
1 Becher (2 dl/200 ml) Rahm/Sahne
3–4 EL gesüßtes Bio-Kastanienpüree
1–2 EL Kastanienlikör oder Amaretto
1 Handvoll Saisonbeeren

1
Den Backofen auf 220 °C vorheizen. Den Rücken eines rechteckigen Backbleches mit Backpapier belegen.

2
Dinkel- und Kastanienmehl, Backpulver, Vanillepulver und Salz mischen.

3
Eigelbe, Wasser sowie Honig mit Handrührgerät oder Schneebesen mindestens 10 Minuten luftig aufschlagen. Die Masse muss weiß sein.

4
Das Eiweiß zu Schnee schlagen.

5
Das Mehl und den Eischnee abwechslungsweise unter die Eigelbcreme heben.

6
Teig auf dem Blechrücken rechteckig ausstreichen. Biskuit im Ofen bei 220 °C auf mittlerem Einschub 13 Minuten backen. Das Biskuit auf ein mit Rohrohrzucker bestreutes Geschirrtuch stürzen und mit dem warmen Blech zudecken. 5 Minuten auskühlen lassen, dann das Biskuit mit Hilfe des Tuches aufrollen und vor dem Füllen ganz auskühlen lassen.

7
Den Kastanienlikör unter das Kastanienpüree rühren. Den Rahm steif schlagen und unterziehen. Die Masse auf die Roulade streichen, mit Beeren belegen. Vorsichtig aufrollen. 1 bis 2 Stunden ruhen lassen. Mit einem scharfen Messer in Scheiben schneiden.

Kastaniensavarin au rhum

für 4 kleine Savarinförmchen

**300 g ungesüßtes
Bio-Kastanienpüree
100 g feiner Rohrohrzucker
2 kleine Freilandeier
60 g weiche Butter
1 dl/100 ml weißer Rum
30 g Rosinen
ca. 1 dl/100 ml Milch
1 Prise Meersalz**

1
Kastanienpüree, Zucker, Eigelbe, Butter und 2 Kaffeelöffel Rum glatt rühren. Die Rosinen unterrühren. Nur so viel Milch beigeben, dass die Masse dickflüssig bleibt!

2
Den Backofen auf 200 °C vorheizen. Die Förmchen gut einbuttern.

3
Das Eiweiß mit der Prise Salz sehr steif schlagen und sorgfältig unter die Kastanienmasse ziehen, in die Förmchen füllen.

4
Das Kastaniengebäck im Ofen bei 200 °C auf unterstem Einschub 20 Minuten backen.

5
Die Kastanienköpfchen noch warm auf Teller stürzen. Restlichen Rum erwärmen, darübergießen, sofort anzünden (flambieren).

Wichtig
Die Masse muss unbedingt in einer Form mit einem Loch in der Mitte gebacken werden. Nicht zu hoch einfüllen, damit das Ganze durchgebacken wird.

Kastanien-Tiramisu

für 8–12 Personen
für eine rechteckige Form

Biskuitteig
4 Freilandeier
3 EL Kastanienlikör oder
Amaretto
3 EL Akazienhonig
150 g Kastanienmehl
(aus luftgetrockneten
Kastanien)
50 g Dinkelvollkornmehl
1 Prise Meersalz
1 unbehandelte Orange,
abgeriebene Schale
Backpulver

Füllung
500 g Mascarpone
200 g gesüßtes
Bio-Kastanienpüree
3 EL Kastanienlikör oder
Amaretto
1 unbehandelte Orange,
abgeriebene Schale oder
1 Msp Vanillepulver
1 EL Akazien- oder
Kastanienhonig
2½ dl/250 ml Rahm/Sahne
3½ dl/350 ml starker Kaffee
(Espresso)

1
Für das Biskuit die Eier mit dem Likör und dem Honig in der Küchenmaschine während mindestens 10 Minuten luftig aufschlagen. Bei Verwendung eines Handmixers oder eines Schneebesens die Eier trennen und das Eiweiß getrennt steif schlagen und später mit dem Mehl unter die Eimasse heben.

2
Den Backofen auf 220 °C vorheizen.

3
Mehle, Salz, Backpulver und Orangenschale mischen, in Portionen unter die Eimasse ziehen. Oder Mehl und Eischnee abwechslungsweise unter die Eigelbmasse heben. Teig auf dem mit Backpapier belegten Blechrücken (rechteckiges Blech) 1 cm dick ausstreichen (doppelt so groß wie die Form).

4
Das Biskuit im Ofen bei 220 °C auf mittlerem Einschub 13 Minuten backen; es darf etwas knusprig sein.

5
Sämtliche Zutaten für die Füllung gut verrühren.

6
Das Biskuit halbieren, eine Hälfte in die Form legen, mit der Hälfte des Kaffees beträufeln. Mit der Hälfte der Mascarponecreme bedecken, zweites Biskuit darauf legen, mit dem restlichen Kaffee beträufeln und der restlichen Creme bedecken. Einige Stunden kühl stellen.

Tipp
Vor dem Servieren mit Kakaopulver bestäuben.

Zum Rezept
Wer einen weniger intensiven Kastaniengeschmack bevorzugt, verwendet für das Biskuit anstelle des Kastanienmehls die gleiche Menge Dinkelmehl.

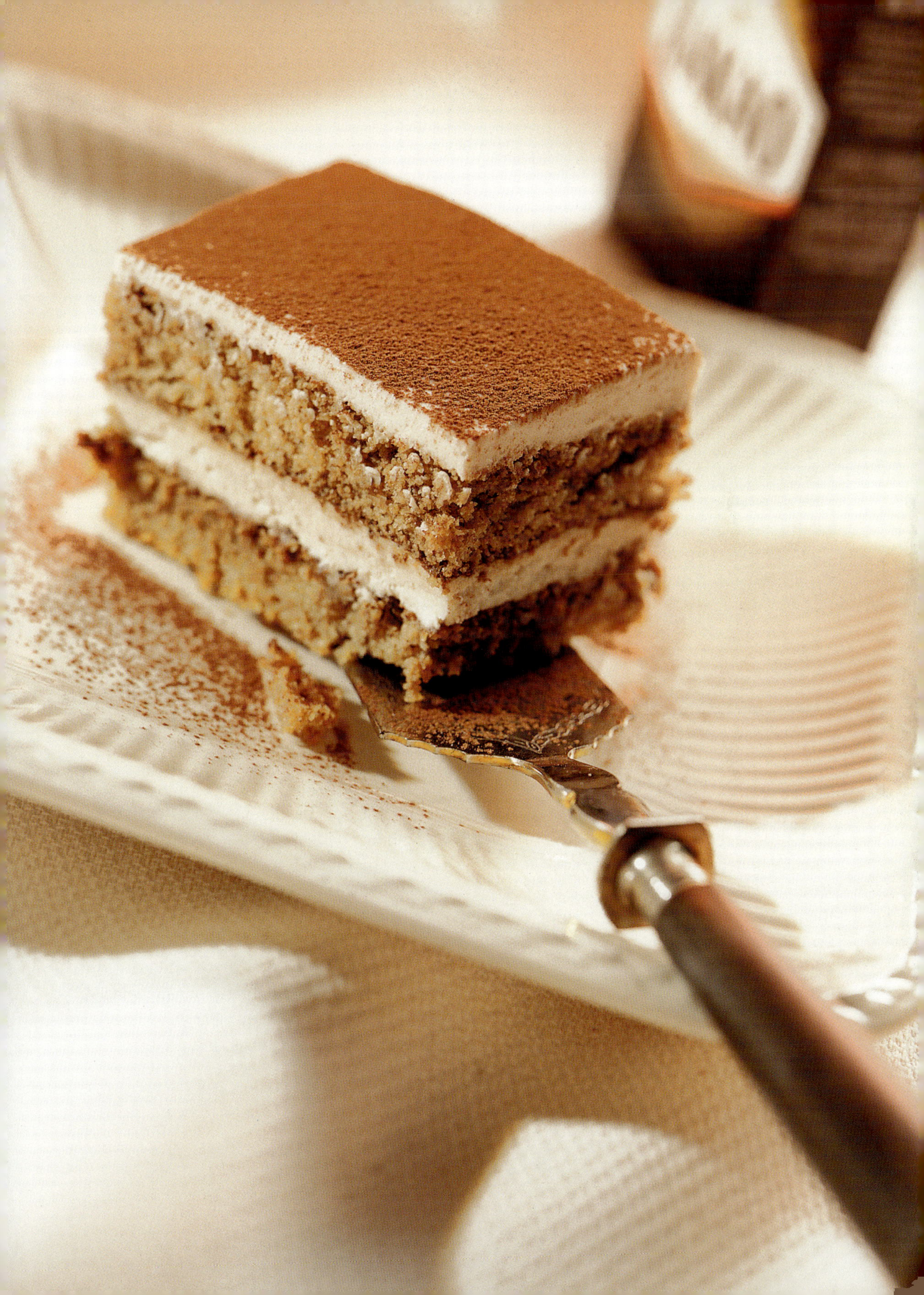

Kastanien-Bananen-Muffins

für 10–12 Muffins

150 g weiche Butter
150 g Rohrohrzucker
2 Freilandeier
200 g Kastanienmehl (aus luftgetrockneten Kastanien)
100 g Dinkelvollkornmehl
2 TL phosphatfreies Backpulver
1 TL Zimtpulver
1 TL Vanillepulver
1 Prise Meersalz
300 g geschälte Bananen

1
Butter und Zucker mit Handrührgerät oder Schneebesen während mindestens 10 Minuten luftig aufschlagen. Die Eier nach und nach zugeben. Mehle, Backpulver und Gewürze mischen und unterrühren. Die Bananen mit einer Gabel fein zerdrücken oder mixen, ebenfalls unterrühren.

2
Den Backofen auf 190 °C vorheizen.

3
Den Teig in eingefettete Portionenförmchen oder Papierförmchen (eine schöne Form bekommen die Muffins, wenn man 3 Papierförmchen ineinanderlegt) füllen.

4
Die Muffins im Ofen bei 190 °C auf mittlerem Einschub rund 25 Minuten backen. Nadelprobe machen.

Kastanienwaffeln

150 g Kastanienmehl (aus luftgetrockneten Kastanien)
150 g Dinkelvollkornmehl
100 g geschälte Mandeln
1 Msp Meersalz
1 unbehandelte Orange, abgeriebene Schale
4 Freilandeier
2 dl/200 ml Milch
2 EL Akazienhonig
1 EL Kastanienlikör oder Amaretto
½ TL Vanillepulver

1
Die Mandeln auf ein Backblech verteilen und im Backofen bei 200 °C rösten. Abkühlen lassen und fein reiben.

2
Mehle, geriebene Mandeln und Salz mischen, die restlichen Zutaten dazugeben und zu einem glatten Teig rühren. Mindestens 15 Minuten quellen lassen.

3
Den Teig portionieren, im Waffeleisen Waffeln ausbacken.

Tipp
Mit Beeren und Schlagrahm servieren.

Marronicake

für eine Cakeform
von 26 cm Länge

150 g weiche Butter
150 g Rohrohrzucker
3 Freilandeier
150 g Dinkelvollkornmehl
50 g Pfeilwurzelmehl
1 TL phosphatfreies Backpulver
½ TL Lebkuchengewürz
½ TL Zimtpulver
½ unbehandelte Orange, abgeriebene Schale
150 g gekochte Kastanien, Seite 30 ff.
4 EL Kastanienlikör
10 geschälte und gekochte Kastanien

3 EL Mandelstifte
für die Form

1
Den Backofen auf 200 °C vorheizen. Die Cakeform gut einbuttern. Die Mandelstifte auf den Boden verteilen.

2
Die Butter und den Zucker mit dem Handrührgerät oder mit dem Schneebesen mindestens 10 Minuten luftig aufschlagen. Die Eier nach und nach dazugeben.

3
Mehle, Backpulver und Gewürze mischen, zur Buttermasse geben und glatt rühren. Die Kastanien (150 g) mit einer Gabel zerdrücken, zusammen mit dem Kastanienlikör unter den Teig rühren.

4
Den Teig in die vorbereitete Cakeform füllen, glatt streichen. Die restlichen Kastanien in den Teig drücken.

5
Marronicake im Ofen bei 200 °C auf mittlerem Einschub 50 bis 60 Minuten backen. Nadelprobe machen.

Kastanienfocaccia mit Oliven, Sardellen und Peperoncini

für 4 runde Focacce oder
1 viereckiges Backblech

**300 g Kastanienmehl
(aus luftgetrockneten
Kastanien)
300 g Dinkel- oder Weizen-
ruchmehl/Mehltype 1050
1 TL Meersalz
1 Hefewürfel (42 g)
ca. 4 dl/400 ml lauwarmes
Wasser
1 EL Olivenöl extra vergine**

Belag
**120 g Sardellenfilets
1 roter Peperoncino/
Pfefferschote
einige Pinienkerne
30 schwarze Oliven
reichlich frische Rosmarinnadeln
Meersalz
2–3 EL Olivenöl extra vergine**

1
Das Kastanien- und das Dinkelmehl auf die Arbeitsfläche häufen und eine Vertiefung drücken. Das Salz auf den Rand streuen. Die Hefe zerbröckeln und in die Vertiefung geben. Das lauwarme Wasser nach und nach zur Hefe geben, immer wieder mit etwas Mehl vermengen. Das Ganze zusammenfügen und das Olivenöl einkneten, den Teig etwa 10 Minuten von Hand oder in der Küchenmaschine kneten, in eine Schüssel legen. Diese mit einem feuchten Tuch bedecken. Den Teig auf das doppelte Volumen aufgehen lassen.

2
Den Backofen auf 220 °C vorheizen.

3
Die Rosmarinnadeln grob hacken. Die Sardellenfilets ebenfalls hacken. Den Peperoncino in feine Ringe schneiden.

4
Den Teig nochmals durchkneten, je nach Blechgröße portionieren. Von Hand etwa 5 mm dicke Fladen ausziehen/formen, in das eingefettete Blech legen. Sardellen, Peperoncini, Pinienkerne und Oliven darauf verteilen. Die Rosmarinnadeln darüberstreuen. Mit Salz abschmecken.

5
Die Foccace im Ofen bei 220 °C auf mittlerem Einschub 12 bis 15 Minuten backen. Das Olivenöl darüberträufeln.

Tipp
An heißen Sommertagen mit einem bunten Salat als Hauptspeise servieren. Gut dazu passt ein Glas Weißwein oder Roséwein.

Variante
Focacce nur mit Rosmarin, Salz und Olivenöl würzen. Der Teig eignet sich auch für Pizzas.

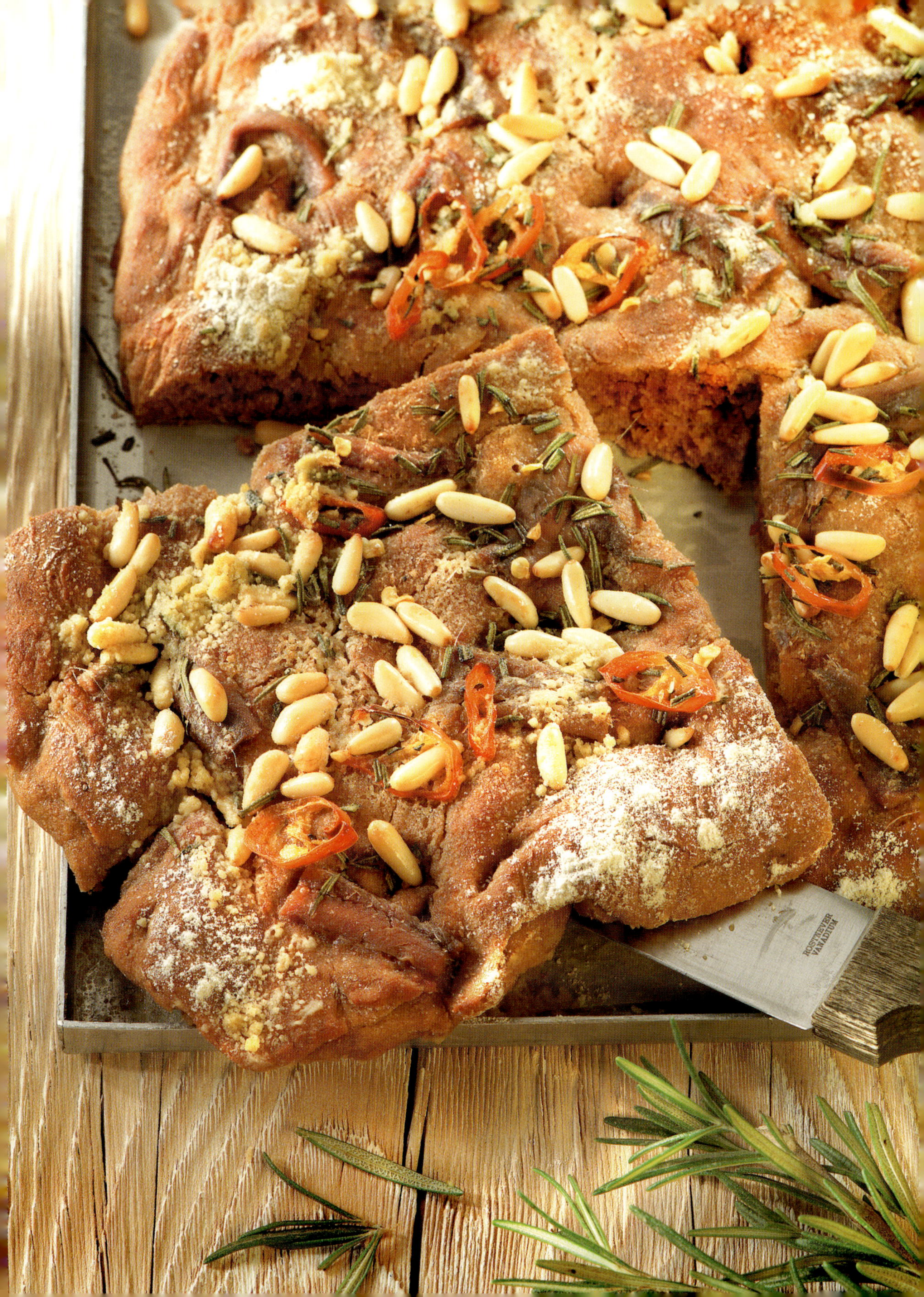
VANADIUM

Tourte aux truites et aux marrons
Pikanter Fisch-Kastanien-Kuchen

für ein hohes Blech
von 24 cm Durchmesser

300 g Blätterteig

40 g Butter
2 kleine Zwiebeln
100 g Champignons
4 Forellenfilets, ca. 300 g
150 g grob gehackte,
gekochte Kastanien,
Seite 30 ff.

Guss
2 große Freilandeier
100 g Crème fraîche
Meersalz
frisch gemahlener Pfeffer
1 Bund Schnittlauch

1
Den Backofen auf 210 °C vorheizen.

2
Blätterteig 2 bis 3 mm dick ausrollen, in das eingefettete Blech legen. Den Teig mit einer Gabel einige Male einstechen. Blätterteigboden im Ofen bei 210 °C auf mittlerem Einschub 10 Minuten vorbacken.

3
Die Zwiebeln schälen, fein hacken. Die Pilze putzen und blättrig schneiden. Zwiebeln und Pilze in der Butter kräftig dünsten, bis fast alle Flüssigkeit verdampft ist. Abkühlen lassen.

4
Den Guss zubereiten. Den Schnittlauch fein schneiden und unterrühren.

5
Die Haut der Forellenfilets abziehen, mit Salz und Pfeffer würzen, auf den Teigboden verteilen. Die Pilze und die Kastanien darauf verteilen. Den Guss darübergießen.

6
Den Blätterteigkuchen im Ofen bei 210 °C auf mittlerem Einschub 30 Minuten backen.

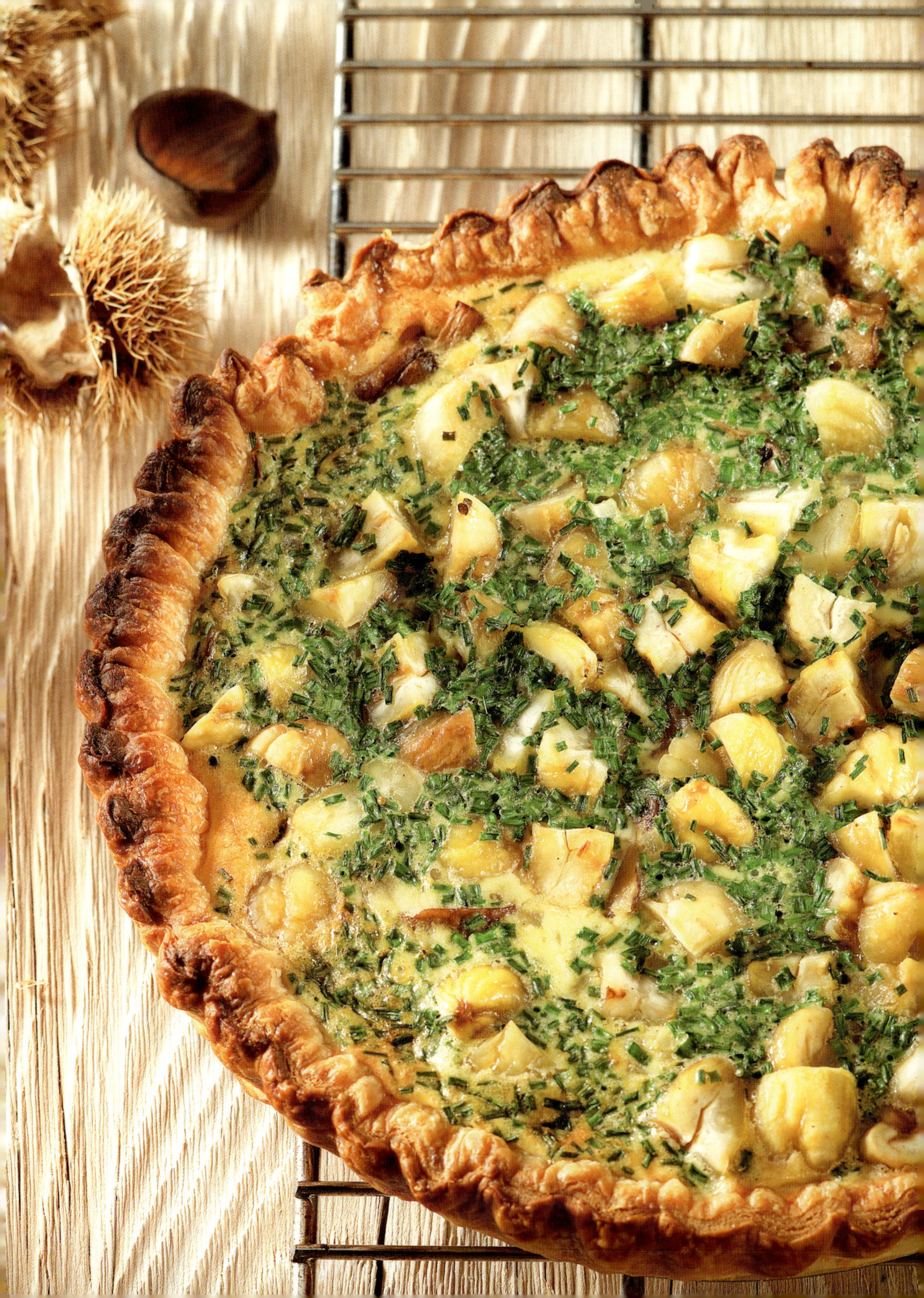

Kastanienbrot mit Pinienkernen

für 2–3 Brote

300 g Kastanienmehl
1 kg Dinkelvollkornmehl oder
Dinkelruchmehl/Mehltype 1050
30 g Meersalz
60 g Hefe
ca. 6 dl/600 ml lauwarmes
Wasser
2 EL Pinienkerne

1
Kastanien- und Dinkelmehl sowie Salz in einer Schüssel mischen, eine Vertiefung formen. Die in wenig lauwarmem Wasser aufgelöste Hefe zusammen mit dem restlichen Wasser in die Vertiefung geben. Zu einem Teig zusammenfügen und 10 Minuten kräftig kneten. Der Teig hat die richtige Beschaffenheit, wenn er an den Händen nicht mehr klebt. Den Teig in eine Schüssel legen und mit einem feuchten Tuch bedecken. Teig 1½ Stunden gehen lassen.

2
Den Backofen auf 170 °C vorheizen.

3
Den Teig nochmals kräftig durchkneten, die Pinienkerne gut einkneten.

4
Aus dem Teig 2 bis 3 Brotlaibe formen und diese auf ein mit Backpapier belegtes Blech legen. Die Oberfläche einige Male nicht zu tief einschneiden. Die Kastanienbrote auf mittlerem Einschub bei 170 °C 35 Minuten backen.

Wichtig
Der Teig läuft etwas in die Breite. Wer ein hohes Brot wünscht, füllt den Teig in 2 eingebutterte Cake-/Kastenformen von 28 cm Länge. Die Backzeit bleibt sich gleich.

Tipp
Bei kleinem Brotbedarf kann die Menge halbiert werden. Kastanienbrot, frische Butter und Kastanienhonig machen das Frühstück zum kulinarischen Erlebnis.

Stichwortverzeichnis

A
Arbur 16
Armenier 14
Aufbewahren 24

B
Basenbildner 28
Baum, Kastanien- 20
Bioanbau 18
Botanik 21
Bouche de Betizac 20
Brotbaum 16
Brunella 20, 21

C
Castanea sativa 14

D
Dörrhaus 24
Dörrkastanie 24, 25, 33

E
Ernte 22

G
Gesundheit 28
Getreideanbau 16
Golino 20

H
Haltbarmachung 22, 23, 24, 26
Hausgarten 21
Herkunft 14
Holz, Kastanien- 14

K
Kalium
Karl der Große 15
Kartoffeln 16
Kastanie, blanchieren 31
Kastanie, braten 30, 31
Kastanie, garen 30, 33, 38
Kastanie, getrocknet 41, 72
Kastanie, frisch 30, 31, 33, 38, 39, 40, 41, 44, 45, 50, 54, 58, 59, 61, 64, 65, 68, 69, 74, 75, 78, 87, 88
Kastanie, schälen 31
Kastanie, im Glas 32, 33, 36, 42, 46, 62, 70, 76, 82, 98
Kastanie, tiefgekühlt 30, 33, 42, 46, 70, 76
Kastanienflocken 32, 100
Kastanienkonfitüre 82
Kastanienlikör 12, 88, 90, 94, 97, 97, 100
Kastanienmehl 25, 26, 32, 48, 49, 51, 56, 60, 66, 86, 92
Kastanienpüree 30, 32, 33, 82, 84, 88, 90, 93, 94, 96, 97, 100
Kasutah 14

M
Mais 16
Marone 15
Marowa 20
Marron 15, 18
Marron glacé 26
Marrone 15, 18
Marroni 17
Marroni, gebraten 27

N
Nährwert 29

R
Rauchkastanien 24, 25
Reifungsprozess 22
Römer 14, 15
Rosskastanie 14

S
Selva 16
Sorten 17, 20
Südschweiz 15, 16, 1, 18, 20, 21

St
St. Gallen 15

T
Tessin 22
Tessiner Kastaniensorten 20

W
Wädenswil, Forschungsanstalt 20

Z
Zöliakie 28

Veranstaltungen

«Chestene-Chilbi» in Greppen am Vierwaldstättersee
Jeweils am 4. Sonntag im Oktober von 10 bis 17 Uhr dreht sich an der «Chestene-Chilbi» in Greppen LU alles um die Edelkastanie. Thematisch wechselnde Ausstellungen, Fachreferate, Demonstrationen, Degustationen von Kastanien-Spezialitäten, größter Markt mit Kastanien-Produkten und Erscheinung der «Chestene-Zytig». Organisation: IG Pro Kastanie Zentralschweiz, Reuss-Straße 4, CH-6038 Gisikon, Tel. +41 (0) 41 450 21 38, Fax +41 (0) 41 450 21 37, www.kastanien.net, rigi-rondell@dplanet.ch

Vom Kastanienwald zum Arvenwald in Murg am Walensee
Ein wunderschöner Kastanienweg führt vom Kastanienwald zum Arvenwald (Ausgangspunkt Bahnhof Murg). Klimatische Bedingungen und die Weitsicht der Vorfahren ermöglichen den Naturfreunden innerhalb kurzer Zeit Wanderungen von einem der größeren Edelkastanienwälder nördlich der Alpen zum Arvenwald. Edelkastanien sind auch ein fester Bestandteil der Murger Chilbi, jeweils am Wochenende nach dem 16. Oktober. Informationen: Verein Pro Kastanie Murg, CH-8877 Murg, Tel. +41 (0) 81 738 23 48, joskuehne@bluewin.ch, www.kastanien.net/wersindwir/murg-portrait-01.htm

Kulinarischer Kastanienausflug Weggis
Dampfschifffahrt, köstliche Kastanien-Kulinarik und Wanderung unter fachkundiger Führung. Täglich von Juni bis September oder auf Anfrage. Infos und Buchung beim SGV Reisezentrum Weggis, Tel. +41 (0) 41 390 11 33, Fax +41 (0) 41 390 14 09

Torkelschiff auf dem Walensee
Schifffahrt mit Kastanienspezialitäten. Daten und Reservationen unter Tel. +41 (0) 81 720 34 34 oder www.walensee-event.ch

Kastanien-Wanderungen im Bergell
In manchen Alpensüdtälern sind Kastanienwälder teilweise erhalten geblieben. Einer der schönsten befindet sich im bündnerischen Bergell (Val Bregaglia) an idyllischer Lage mit vielen Wandermöglichkeiten. Ein Lehrpfad informiert umfassend über den Kastanienanbau, im Spätherbst kann in einer Dörrhütte die Trocknung und Verarbeitung miterlebt werden. Informationen durch den Verkehrsverein Pro Bregaglia, CH-7605 Stampa (GR), www.bregaglia.ch

Kastanien-Wanderweg im Malcantone
Start der im Oktober 1996 eröffneten Wanderroute durch die Kastanienselven ist in Arosio. Informationen sind erhältlich beim Verkehrsverein des Malcantone, Piazza Lago, CH-6987 Caslano, Tel. +41 (0) 91 606 29 86, Fax +41 (0) 91 606 52 00.

Wandern auf einem alten Römerweg
Die Reise durch Kastanienwälder beginnt in Calonico, auf dem Weg der Strada Alta della Leventina, der in Airolo beginnt. Auskünfte bei der SBB-Information

Kastanienfeste im Tessin
Im Spätherbst finden in der Südschweiz jeweils fröhliche Feste rund um die Kastanie statt, so jeweils am ersten und am zweiten Samstag im Oktober in Ascona. Auskünfte erteilt der Verkehrsverein Lago Maggiore, Tel. +41 (0) 91 791 00 91, www.ticino.ch.

Lehrpfad und Kastanienfest in Fully, VS
Jeweils Mitte Oktober findet ein großer Kastanienmarkt statt. Informativer Rundgang durch den großen Kastanienwald. Es dürfen Kastanien gesammelt werden. Auskunft: Fully Tourisme, Tel. +41 (0) 27 746 20 80, Fax +41 (0) 27 746 41 64, www.fully.ch

Ausstellung zur Kastanienkultur in der Schweiz auf dem Ballenberg, Brienz
Auf Initiative der IG Pro Kastanie Vierwaldstättersee wird im Dorfteil Cugnasco in drei Häusern Kastanienkultur über die verschiedenen Sinne erlebbar. Die Information über Produkte, Verarbeitung und Bedeutung der Selven für die Landschaft wird ergänzt durch Kastanienmenüs und verschiedene Angebote in den Restaurationsbetrieben.
Infos unter www.kastanien.net und www.ballenberg.ch, Tel. +41 (0) 33 952 10 30

Der Pälzer Keschdeweg

Der Pälzer Keschdeweg führt durch das Biosphärenreservat Pfälzerwald. Der Weg beginnt in Hauenstein am Deutschen Schuhmuseum. Weiter geht es Richtung Annweiler am Trifels, der Stadt in der einst Kaiser wohnten. Von hier führt der Weg nun hinaus in das Rebenmeer der Südlichen Weinstrasse vorbei an den kleinen Winzerdörfern Albersweiler, Frankweiler, Gleisweiler, Burrweiler, und Weyher bis hin zur Villa Ludwigshöhe, dem Sommersitz des Königs Ludwig I. von Bayern. Durch den Wald bei Edenkoben und St. Martin gelangt man schließlich zum Hambacher Schloss, das im Volksmund auch «Keschdeburg» genannt wird. Der Pälzer Keschdeweg endet am Bahnhof in Neustadt an der Weinstraße. www.keschdeweg.de

Edenkoben: Keschdeblüdefeschd im Juni,
Wein- und Kastanienmarkt am 2. Wochenende im Oktober

Der Edenkobener Wein- und Kastanienmarkt bietet vielfältige und «keschdliche» Angebote, rund um die Pälzer Keschde (Edelkastanie), gepaart mit Wein, Federweißem und frischem Traubensaft. Idyllisch gelegen im Umfeld von Schloss Villa Ludwigshöhe, beschirmt von mächtigen Kronen zahlreicher Edelkastanienbäume, lockt der Markt nun schon im 8. Jahr (2010) zahlreiche, interessierte Besucher an.
Das Angebot reicht von gerösteten Edelkastanien, Kastanienbrot, Kastanienmehl, Kastaniennudeln, über Kastanienwurst, Kastaniensaumagen, Kastanienhonig, Kastanienlikör, bis hin zum Kastanienbier und vielem mehr. Möbel hergestellt aus Kastanienholz, Fußböden und Holzkunst wie Ohrringe und Broschen. Südliche Weinstrasse e.V. Edenkoben, Büro für Tourismus, Poststraße 23, D-67480 Edenkoben,
Tel. +49 (0) 63 23 95 92 22, Fax +49 (0) 63 23 95 92 88,
www.edenkoben.de, touristinfo@vg-edenkoben.de

Trifelsland: Keschdefeschd am 1. Wochenende im Oktober
2010 – 10jähriges Jubiläum

Beim Keschdefeschd in Annweiler am Trifels gibt es alles rund um die Esskastanie zu bestaunen und zu kosten: Kastanienbrot aus dem Tontopf, Keschdewurscht, Keschdesaumagen, Kastaniennudeln, Keschdesupp, Kastanienlikör, Kastanienhonig, Kastanienmarmelade, Kastanienkuchen, Kastanienbier, Kastanienpralinen, Waffeln mit Kastaniensahne und vieles mehr.
Büro für Tourismus Annweiler am Trifels, Messplatz 1,
D-76855 Annweiler, Tel. +49 (0) 63 46 22 00,
www.trifelsland.de, info@trifelsland.de

Hauenstein: Kastanienmarkt und Keschdewoche im Oktober

Geführte Wanderungen und Aktionswochen in der Gastronomie, Fremdenverkehrsbüro Hauenstein, Schulstraße 4, D-76846 Hauenstein, Tel. +49 (0) 63 92 91 51 19,
Fax +49 (0) 63 92 91 51 60, www.hauenstein-pfalz.de,
fremdenverkehrsbuero@hauenstein.rlp.de

Meraner Land: Keschtnriggl (Kastanientage)
im Oktober mit Törggelefest in Tisens
Keschtnfeschtl und Keschtnmarkt in Völlan

Tourismusverein Tisens Prissian, Bäcknhaus 54,
I-39010 Tisens Prissian, Tel. +39 (0) 473 920822,
Fax +39 (0) 473 92 10 10, www.suedtirol-kastanie.com,
www.tisensprissian.com, info@tisensprissian.com

Eisacktal: Keschtnweg
Kastanienwochen Ende Oktober / Anfang November

Ein einziges Band von Kastanienhainen streckt sich von Vahrn bei Brixen längs der Hänge des Eisacktals bis hin zum Rittner Hochplateau und hinunter in den Bozner Talkessel zur legendären Bilderburg Runkelstein: Eine ideale Route für den «Keschtnweg». Der Weg soll nicht nur als Wanderweg für den Herbst verstanden werden, denn die vielfältige Vegetation bietet einen unvergleichbaren landschaftlichen Reiz. Der markierte Weg führt durch farbenprächtige Mischwälder, sattgrüne Wiesen und imposante Kastanienhaine – ein Naturerlebnis der besonderen Art. Am Keschtnweg bieten außerdem Direktvermarkter regionale Produkte an. Tourismusverband Eisacktal, Großer Graben 26 a, I-39042 Brixen
Tel. +39 (0) 472 802 232, Fax +39 (0) 472 801 315,
www.eisacktal.com, info@eisacktal.com

Feldthurns: Keschtnigl
Anfang November

Eine besondere Veranstaltung rund um die edle Südtiroler Frucht. Das Programm reicht von einem Symposium über naturkundliche Wanderungen und Märchenstunde im Schloss bis zum Niglmarkt mit bäuerlichen und handwerklichen Besonderheiten, Marktständen und Musik. Die Gasthäuser warten mit leckerer einheimischer Kost unter besonderer Berücksichtigung der Kastanien auf. Infobüro Feldthurns, Simon-Rieder-Platz 2, I-39040 Feldthurns,
Tel. +39 (0) 472 855 290, Fax +39 (0) 472 855 031,
www.keschtnigl.it, info@feldthurns.info

Bezugsquellen

Hochwertige Produkte der Edelkastanie sind sowohl in Deutschland als auch in der Schweiz im Naturkosthandel oder im Reformhaus erhältlich.

Erboristi Lendi S.A., CH-6986 Curio
Tel. +41 (0) 91 606 71 70, Fax +41 (0) 91 606 71 74, www.erboristi.ch
Kastaniennudeln; Tessiner Kastanienmehl, luftgetrocknet (geschmacksneutral); italienisches Mehl, mit kräftigem, intensivem Geschmack; Kastanienhonig; Kastanienmarmelade; Tessiner Dörrkastanien, luftgetrocknet (ohne Rauchgeschmack); Kastanienflocken.

La Pinca, Tessiner Kastanienspezialitäten, Sagenstraße 3, CH-6264 Pfaffnau
Tel. +41 (0) 62 754 02 82, Fax +41 (0) 62 754 02 83, www. lapinca.ch, marco.mazzi@lapinca.ch
Kastaniencreme, leicht gesüßt; Kastanien-Haselnusscreme; Kastanien gekocht, nature, im Glas; Kastaniennudeln; Dörrkastanien, luftgetrocknet; Kastanienflocken und -schrot; Kastanienmehl, luftgetrocknet (geschmacksneutral) oder rauchgetrocknet; Kastanienbiskuits; Kastanienpralinen; Kastanientorte; Kastanienhonig; Kastanienbier; französischer Kastanienlikör.

Brauerei Locher AG, CH-9050 Appenzell
Kastanienbier (Vertrieb über verschiedene Getränkehändler)
Im Tessin: Felice Zabarella SA, CH-6929 Gravesano, Tel. +41 (0)91 605 40 42, Fax +41 (0) 91 604 59 01

Pasticceria (Konditorei) Cafè Salis Castasegna, CH-7608 Castasegna
Tel. +41 (0) 81 822 18 86. Hausgemacht: Bergeller Kastanientorte (Swiss Backery Trophy Silbermedaille 2006) und Kastanienkekse. Verschiedene Kastanienprodukte: Kastaniencreme, Kastaniennudeln, Dörrkastanien, Kastanienmehl, Kastanienhonig, Kastanienbier.

Keschde-Haisel - Edles aus Edelkastanien, Vogesenstr. 62, D-76829 Landau/Pfalz,
Inh.: Theo Bender, Tel: +49 (0) 63 41 14 42 10,
www.keschde-haisel.de, info@keschde-haisel.de
Nudeln, Mehl, Brot, Wurst und Saumagen, Likör, Kekse, Creme, Bier

Govinda Natur GmbH, Feckweilerhaide 2, D- 55765 Birkenfeld
Tel. +49 (0) 67 82 10 96 70, Fax: +49 (0) 67 82 10 96 799,
www.govinda-natur.de, info@govindanatur.de
Kastanien-Mehl, -Flocken, -Pfannkuchen-Mix

Kastanienbäume für den eigenen Garten

Die vier von der Eidgenössischen Forschungsanstalt für Obst-, Wein- und Gartenbau (FAW) in Wädenswil (ZH) geprüften Kastaniensorten sind bei den Baumschulen Hauenstein AG, CH-8197 Rafz, erhältlich. Veredelte Kastanienbäumchen verkauft ebenfalls die Baumschule Dové, CH-6030 Ebikon.

In Deutschland sind Esskastanienbäume im gut sortierten Fachhandel, z.B. Gartencenter und Baumschulen erhältlich.

Kastanienholz

Gesamtschweizerische Lieferung von Stangenhölzern und anwendungsfertiger Hobelware. Kastanienholz als ökologisch sinnvolle, ökonomisch attraktive Alternative zu Tropenhölzern: dauerhaft, geringes Schwindverhalten und regelmäßige Dichte. Auch ohne chemischen Holzschutz bestens geeignet für Gartenmöbel, Spielplatzgeräte, Wasser- und Rebbau, Lawinenverbauungen, Schallschutzwände sowie für den gesamten Hausbau, Fassaden, Außenböden, Möbel sowie Parkettböden.
Segheria alla Coletta, Ticinoro SA, Ueli Pfenninger, CH-6662 Russo,
Tel. +41 (0) 79 412 05 30, www.ticinoro.ch

Produkte aus Kastanienholz

Gartenmöbel, Bänke und Spielplatzgeräte, Pfähle, Palisaden, Rund- und Kanthölzer (ökologische Alternative zu Eisenbahnschwellen), Pergolas, Fassaden und Böden – alles aus einheimischem, wetterfestem und unbehandeltem Kastanienholz.
Firma KASTANIEN.bank, Holzprodukte für Garten und Landschaft,
Burgstraße 45, CH-6331 Hünenberg, Tel. +41 (0) 41 781 34 09,
Fax +41 (0)41 781 34 13, www.kastanienbank.ch, info@kastanienbank.ch

Gartenmöbel, verschiedene Arten von Zäunen, Türen, Pfosten, Sichtschutzwänden und sonstigen Accessoires für Gärten und Haushalte.
Adequat, Goedentijd 66 B, NL-5131 NS Tilburg
Tel. +31 (0) 13 508 2536, Fax +31 (0) 13 508 1127,
www.kastanienholz.org, info@kastanjehout.org

Wichtige Adressen und Literatur

Eidg. Forschungsanstalt für Wald, Schnee und Landschaft
a) Eidg. Forschungsanstalt WSL, Standort Birmensdorf: Zürcherstr. 111,
CH-8903 Birmensdorf, Tel. +41 (0) 44 739 21 11
b) Istituto federale di ricerca WSL, Standort Bellinzona: Via Belsoggiorno 22,
CH-6500 Bellinzona, Tel. +41 (0) 91 821 52 30

Agroscope Changins-Wädenswil ACW
a) ACW Forschungszentrum Wädenswil: Postfach 185, CH-8820 Wädenswil,
Tel. +41 (0) 44 783 61 11, Fax +41 (0) 44 780 63 41, info@faw.admin.ch, www.faw.ch
b) ACW Forschungszentrum Cadenazzo: CH-6594 Contone, Tel. +41 (0) 91 850 20 30

Fördervereine

IG Pro Kastanie Zentralschweiz
Reuss-Straße 4, CH-6038 Gisikon, Tel. +41 (0) 41 450 21 38, Fax +41 (0) 41 450 21 37,
rigi-rondell@dplanet.ch, www.kastanien.net

Pro Kastanie Murg
Siten, CH-8877 Murg, Tel. +41 (0) 81 738 23 48, joskuehne@bluewin.ch,
www.kastanien.net

Groupement Chablaisien des Propriétaires des Châtaigneraies
Jean Christ (président), Tel. +41 (0) 79 321 23 63

Associazione dei castanicoltori della Svizzera italiana
Tel. +41 (0) 91 610 16 30, Fax +41 (0) 91 610 16 39
info@regionemalcantone.ch, www.regionemalcantone.ch

CASTANEA e.V., Alexander Schiller, Gotenstr. 17, D-68259 Mannheim
www.castanea.info, info@castanea.info

Literatur

Conedera, M., 1996:
Die Kastanie: Der Brotbaum. Vergangenheit, Gegenwart und Zukunft der «Waldfrucht par excellence». Bündnerwald 49, 6: 28–46.

Conedera, M.; Jermini, M.; Sassella, T.; Sieber, T.N., 2004:
Ernte, Behandlung und Konservieren von Kastanienfrüchten. WSL Merkblatt für die Praxis 38: 12 S.

Künsch; Schärer; Patrian; Hurter; Conedera; Sassella; Jermini; Jelmini; 1998:
Qualitätsanalyse an Tessiner Kastanien. Agrarforschung 5, 11/12: 485-488.

Marronipfannen aus Schmiedeeisen

Durchmesser 22 cm und 27 cm, gehämmert oder ungehämmert

Dreibein (Schmiedeisen), gehämmert oder ungehämmert, passend für alle Marronipfannen

Bezugsquelle/Auskünfte:
Bernhard Lenz, Ofen- und Cheminéebau
Kramgasse 28, CH-3011 Bern
Tel. +41 31 311 32 62, Fax +41 31 312 27 50
e-Mail: info@lenz-ofenbau.ch, Internet: www.lenz-ofenbau.ch

Marroniofen

Pfanne und Deckel schwarz emailliert
Höhe: 22 cm; Ø 24 cm, 230 Volt / 600 Watt
Mit der zusätzlichen Grillplatte können auch Fleisch- und Gemüsestücke gegrillt und Crêpes gebacken werden.

Erhältlich im Haushalt-Fachhandel und in führenden Warenhäusern oder bei
A. & J. Stöckli AG, CH-8754 Netstal
Tel. +41 55 645 55 55, Fax +41 55 645 54 55,
e-Mail: haushalt@stockli.ch
Online-Shop: www.stockliproducts.com

MOROBBIA - Marronigrill

Für den privaten Gebrauch zaubert er in 30 Min., in Ihrem Grillfeuer drehend, den echten Marronigeschmack auf den Tisch, bekömmlich und gesund zugleich (0,5 kg oder 1 kg Inhalt). Im Sommer wie im Winter, wir zeigen Ihnen, wie's geht.

Oder haben Sie es lieber professionell mit dem grossen Marroniofen, der sich mit dem INOX-Einsatz alternativ als Holzkohlen-Grill mit Fleisch und Wurst für die grosse Gästeschar einsetzen lässt?

Nähere Angaben direkt beim Fabrikanten:
Richard Stucki, CH-8450 Andelfingen, Tel. +41 52 317 27 60,
Fax +41 52 317 26 82, e-Mail: stucki@risag.ch; Internet: www.risag.ch